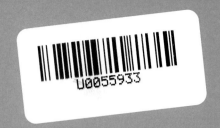

文奕夫（水鏡）——著

又見面了！我是凶宅房仲

租屋悲歌、紅衣吊死、陰魂託售，
那些年賣房子總有刺激事

作者序

自從上一本書寫完也好幾年了，這幾年沒變的就是經手事故屋，當然並不是每間凶宅都會有靈異事件，或是可怕的事情發生。有的時候真的害怕的是自己心理的問題，當然了，如果是有可怕的靈異事件的話那就是另一回事。

不過比起鬼，我反而覺得現在房價比鬼還可怕，因為工作關係比較忙碌，很多故事拖了好久才慢慢完成，發現到自己在寫故事的時候就像是在記錄真實工作內容，往往發現到有時候活人其實更為複雜，這次我一樣把這幾年遇到的事情，分享給大家。至於大家很常問我是不是能看見或是感應什麼的，老實說我真的看不見，感應的話，我也不知道怎麼說，基本上不會有什麼感覺，除非很嚴重的磁場，就會有種暈車的感覺，是想吐，胃在翻。但是如果說連我這種人都會感到不舒服的話，那體質敏感的人很大機率是暈倒了。

藉由分享凶宅的投資案例故事以及怎麼買，買在多少價格，讓大家知道哪些人會買凶宅，也讓大家了解在高房價的現在，慢慢的像是一些年輕人，其實已經不太會介意去買凶宅，大部分來看的自住客都偏向年輕一點的族群。

也有很多朋友問說，真的有那麼多的凶宅嗎？請相信我，真的很多。因為各位會得知訊息是來自新聞或是一些平面媒體的報導，可是我很多經手的案件，原則上都沒在新聞或是平面媒體出現過，看不見的其實更多，每天都有人輕生，但是國家衛福部規定不能一直報自殺新聞，怕會引起共鳴效應。

這幾年或許是凶宅市場越來越多人了解，看的人跟買的人也開始能接受一些新觀念，當然更多的原因還是現實問題，像是生活圈、工作環境等等……

以及財力不足……

高房價讓很多人的薪資根本追不上。

很多人說他們怕買凶宅，怕裡面的死者……

你問我怕嗎？其實還好，對我來說就是一間房子罷了，多了點故事在裡面。

可是我們換個角度去想。

「你所害怕的鬼，卻是別人朝思暮想的親人或是愛人……此生有多想再見他們一面……」

我把這幾年遇到更多的經驗分享給大家，故事有長有短。

我真的覺得自己是在記錄自己的工作內容了！

有人想買便宜的房子嗎？便宜的凶宅喔！

目次

CASE 2 凶宅也有溫馨事

CASE 1

賣房總有刺激事

積載執念的汗漬

大家會不會常常有個問題？因為很多人問我說凶宅為什麼這麼多？那些死的都是誰呢？是屋主自己？還是家人？還是租客？

我這麼跟大家說吧，都有。

有的時候這人如果遇到事情過不了關卡的時候，就容易有輕生念頭出現，甚至有時候這個人他今天還跟你吃飯聊天說說笑笑的，過兩天就聽到他在家自殺的事情……你都還會想到前天才一起吃飯，一起聚餐而已，怎麼突然就……沒了?!

可能你會想不明白，這前兩天不是還好好的嗎？怎麼這麼突然？可是當你去到現場了解了情況，熟知他的工作、家庭與遇到的事情，似乎可以看到了一些蛛絲馬跡……至少這幾年的經驗，我好像……開始可以體會了。

甚至有時候我好像也會受到影響，不論是活人，還是房子裡面沒走的……

*****

我說一個故事吧……一個中年的男性朋友，遇到的困難……

有一天我在刷手機的時候，收到一個臉書發來的訊息，對方是一個仲介，他問說：「學長，聽說您有在幫忙處理凶宅，想……請您幫個忙。」

我問說：「我是有一些客戶不介意凶宅，請問是發生什麼事了嗎？」

我在臉書的訊息上看了一下他的個人訊息，大概了解這位仲介學弟他從業沒多久，好像還不到一年的樣子，就遇到了一件他不知道該怎麼辦的情況，就是他承辦的一個房屋租屋，租客在裡面上吊死了。

那他上網查詢相關訊息時，有看到關於我在凶宅上的介紹，便尋著臉書找來詢問了。

我用臉書的通訊軟體通話問他大概情況，主要是打字太慢，用問的最快。

學弟說：「學長是這樣，因為這個房子的屋主是我的親戚，那房子剛交屋，我就幫他找了一個租客，結果後來沒多久，租客上吊在裡面了……」

我聽完後想說是租客上吊便問道說：「所以死的是租客？那你沒被屋主給罵死！」

我覺得他一定會被屋主給罵爆，因為我知道那個社區很新，而且屋主交屋後，租給租客，到出事為止整個房屋屋齡還不到半年耶！連管委會都還沒成立，自己的房子就因為租客在裡面上吊變成了凶宅！我要是屋主一定罵爆仲介。

他說：「屋主已經罵了我好幾天了，可我沒這方面的經驗，所以不知道怎麼辦……學長想問一下有沒有什麼建議？因為屋主想要賣掉，她不願也不想要留，但是她這個情況跟她的損失之類的，該怎麼辦？」

聽到他說屋主想賣，我就說：「那好辦啊！她都說想賣了不是嗎？就賣啊，只是價格不會太好，但還好房子夠新，我唯一能做的就是用最小的損失來替學弟你與屋主解決問題。」

我接著說：「這樣吧，我去看一下房子然後可以的話，你幫我約屋主一起聊聊吧！」我盡量讓這件事情看能不能圓滿一點，不要讓屋主損失太多。

學弟說他約看看時間，確定後跟我說。

掛掉電話後我透過了實價登錄去了解這個社區當時預售屋買進的價格，以及現在這個成屋後的成交價大約在多少錢，希望在屋主取得的價格基礎上，和預售蓋房到交屋的兩三年間能夠有一點漲幅，不至於損失過多。

沒多久大概半小時後，學弟來電話了。

「學長，屋主說可以的話約在外面的便利商店聊聊，她順便想知道怎麼處理，因為她真的不想留。」

在確定好時間後，我直接到了約定的便利商店與屋主碰面，屋主是一對夫妻，房子登記太太黃小姐的名字。

在跟他們的對談間，夫妻兩個人也是第一次遇到這種事，所以很不諒解租客在房子裡面的輕生行為。

基於想知道租客背景，我便問了一下租客的相關訊息。

屋主說：「我覺得這租客是故意的，我這房子才交屋不到半年，一交屋就請仲介幫我找租客了，租客說跟女兒兩個人一起住，當時也不疑有他，想說父女兩個應該也不是什麼奇怪的租客，哪知道會發生這種事情……」

說完還看向了旁邊的學弟，因為租客是他找的，對此學弟也只是一昧的跟屋主說抱歉，也順便跟屋主說請了學長一起幫忙，看能不能以最小的傷害售出。

我跟屋主說：「這種事情沒人願意遇到，租客我聽了一下也覺得不像什麼奇怪的租客，可能有什麼困難才會這樣子吧，因為聽蔡先生說您要把房子出售，所以我這能做的就是盡量把傷害壓到最小，假如會虧損盡量不要虧損太多。」

屋主問了一個問題：「文先生我想問一下，那名租客的行為我覺得真的是故意的，我能去跟他求償嗎？就是去法院告他，是有辦法的嗎？」

我說：「是可以的，只是我想問你一下，你們夫妻倆有想要賣掉這房子嗎？」

「賣！」夫妻兩個異口同聲說道。

我說：「那我相信你們有看過新聞，就是類似租客在房子裡面自殺，導致屋主將房客告上了法院，雖說取得了賠償，可這房子就不好賣了，因為訴訟過程等於是昭告天下了。」

我跟他們解釋道說：「因為大部分客戶買凶宅，都是希望能低調是最好，畢竟不論對於社區來說也好，屋主跟買方也好，都不想要太過張揚，畢竟沒人希望自己的社區剛交屋不到半年就有問題，買方也不希望買個房子全世界都知道我家是凶宅；對屋主來說低調處理反而好處理，我能做的就是將傷害降至最小，幫你們解決問題。」

屋主對於這方面也是認同的，因為他們換個角度想，心態都是一樣的。

然而在洽談中我發現，這學弟跟屋主的對話聽起來可不像是親戚啊！當然了我也只是知道但不說。

「對了，黃小姐那個房子出事後你們有再去過嗎？」我問。

「沒有呢，因為出事後我也不敢去，所以現況如何我也不知道，只有蔡先生去拍了照片跟看了一下屋況。喔對，還有我兒子跟他同學去過，當然了……他們不知道房子裡面有死過人，不然他們應該會嚇死。」屋主說。

「那好吧，我再跟蔡先生一起去看一下房子，後面的就我們兩個處理就好了。」我跟屋主笑了笑。

「喔，還有個事情，出事之後房子的燈有沒有一直保持開著狀態啊？」我問。

黃小姐想了一下說：「沒有呢，出事後都沒過去了。」

我吸了口氣後說：「嗯……好吧，我知道了，沒事了。」

「我想問一下為什麼要開燈啊？是有什麼說法嗎？」黃小姐好奇的問。

我跟屋主夫妻解釋道說：「因為民俗坊間有一種說法，是說房子如果發生過非自然事故死人的事情之後，會讓主家把房子的燈都點著，營造張燈結綵的氣氛，有的說是比較亮陽氣重，開著燈可以避免陰氣在黑暗中滋生，畢竟……那些人是自殺死的，會去自殺的人，死的時候難免有點怨氣，不甘心或是恨，房子又不開燈，久了房子磁場就會不好了。」屋主聽完之後點了點頭。

離開後對於房子的情況我大概想好哪些客戶會接手了，就只需要找個合適買主就行了。

一般來說，很多人都會認為凶宅價格肯定是市價打五折、六折的，有時候我聽了都覺得真是妄想了！

打個大頭啦，要這樣子人家何必賣你呢？如果凶宅是新房子折價一定會有，但也不可能五、六折賣，當然老舊房子如果屋況很差，那你說市價五、六折我還覺得沒話說，但是若想要在台北或是精華地段用這價格買，那就不太現實了，我會說早點睡吧，夢裡什麼都有。

在跟屋主兩夫妻聊完後，我就跟蔡先生說去看一下房子吧，但因為他說等等還有別的客戶要去拜訪，所以就只能帶我過去大概了解一下就要馬上離開，他把鑰匙先拿給我，直接約在社區碰面。

這間房子位於台中大里跟南區的交界處，是很新的房子，真的我一看膽本日期，這建商剛蓋好交屋到現在也不過七個多月而已，就遇到租客在裡面上吊自殺，怪不得屋主會氣得要命，換做其他人大概也是一樣的情況。

房子就是兩房一衛浴的格局，加上一個坡道平面車位，進去之後真的就是剛交屋的樣子，怎麼說呢……廚具上的保護膜都沒有撕掉，聽屋主說法是租客住進去兩個月不到就自殺了。

我問了一下蔡先生當時事發的位置在哪？他指了廁所裡面，我一開始以為是在門把上，結果不是，他說：「在乾濕分離的那個橫桿的位置。」

說完我看了一下那個橫桿，心想這個能吊人？都不怕斷裂嗎！畢竟那下邊是玻璃支撐而已呀……我低下頭看到了地板上有一灘像是水漬的痕跡，第一個念頭是這應該是死者在自縊時造成的大小便失禁留下的痕跡。此時同行的學弟蔡先生也開口說：「學長……那個是當時死者死的時候大小便失禁留下的痕跡……」

「這清不掉嗎？」我盯著地上那攤水漬痕跡問道。

「試過了，當時我也有用清潔劑跟刷子稍微洗刷過，但完全沒用……」

聽他這一說……我倒是想到一些事情，雖說聽過相關的民間說法，不過不太確定也就沒太在意了。

接下來的幾天裡我陸陸續續介紹了幾個客戶，本來一開始進出這房子的時候都還好，可是到後來伴隨著進出房子的次數越來越多，我開始感覺到每次進房子的時候有種鬱悶的壓迫感，空氣中散發著窒息的感覺。

還記得有一次我有一個之前的同事，因為我有把案件分享給他，他說他的客戶有興趣想要來看看，我這朋友叫張詩詩，別看我這樣子叫他，他是男的……至於我為什麼要這樣子叫他，就……叫習慣了！

約好了時間到社區，我就帶著他跟他的客戶上去看房子了，就在這次看屋時，我可以更明顯地感覺到，房子跟之前的不同。這次在我開門踏進房子的那瞬間整個房子讓我感到頭暈，甚至有頭痛的現象出現，一開始我也沒說，覺得可能就只是自己身體不舒服吧！

大概介紹了一下房子的情況也指出了當時發生事故的位置，就在這時，我留意到地上那灘汙漬變大了……

張詩詩並沒有看到衛浴的情況，而客戶也只是了解當時事故位置在哪而已，似乎沒有留意到地板上的汙漬，畢竟那是……當時往生者的排泄物，我也不好開口多講。

由於我知道那灘汙漬一開始的位置，我發誓不唬爛那灘汙漬比我一開始看到的時候還要再大了很多……似乎有正在擴散變大的跡象。

更重要的是這次進來房子裡，可以明顯感到我的頭痛變得更為劇烈……房屋因為是標配沒有特別的裝潢，大概看了一下就離開去看車位了，一直到送客戶離開後，張詩詩才開口跟我說：

「欸……那個房子我一進去就整個頭很痛耶。」

我眉頭深鎖說：「恩……是啊！就……怨念挺重的，我頭也有點痛。」

「那不是很重，是非常重吧!?乾……我在裡面超不舒服的……」張詩詩一臉抱怨的跟我說。

接下來的日子雖說都有一些買主來看房子，但是一直沒有人有意願購買。

後來有一天同事帶了一個客戶過來，聽說是個師姐，她不介意凶宅，因為家中有供奉神明外加有在幫忙人家辦事，想買來自用。

對於事故屋有客戶詢問時，我都會提前說房子有問題，真的有意願再來看。那位師姐來看房子的時候，問到了當時的死者是死在什麼地方，性別跟年齡。

對於這些問題，也不是只有師姐問過，很多客戶會問，但我的回答只有死亡方式跟大約多久前，像是年齡性別什麼的，我即使知道也不會特別主動告知，一般會到客戶確定要買後才會更詳細提到這部分。

所以師姐問我的時候我也只是說不清楚，只知道死因跟位置。

「那他在哪邊自殺的？」師姐問說。

或許是想測試一下吧，我說：「師姐，他吊在廁所乾濕分離的橫桿上面，至於性別跟年齡我就不清楚了，您是否能看到或是了解到嗎？」

師姐沒說啥，看了看就下樓了，社區外師姐跟我說：「應該是個女的……而且應該是感情失意，很年輕的女生。」

我聽完心裡有底了，跟師姐說：「這我就不知道了……不過就是看的人有，出價的沒有。」

其實我很清楚知道死者的年齡跟性別，可或許是想知道這個師姐夠不夠道行吧，然而聽她這麼一說，我想我還是別有太多期待好了……還年輕女生！

因為一直沒有進展，我就約了一個認識很久的風水師傅，請他一起來看一下房子，到了房子裡面後，我同樣並沒有跟這個風水師父說過任何訊息，只跟他說是凶宅，那個老師大致看過後，就說借一下廁所想要尿尿，我也沒阻止，就讓他去使用吧。

在看完房子後，我問了老師：「老師，就你看你知道這死者死在哪嗎？」

老師笑著說：「喔！就在廁所裡面啊！吊在乾溼分離的橫桿那個地方。」

我聽完說：「哇靠，你知道你還敢在那邊上廁所啊……真有種阿你。」

那老師說：「阿我就尿急啊，而且他吊他的，我上我的啊！」

我看著老師說：「讓他……看著你尿啊？」

「那不然呢？」老師一臉驚訝不理解我為啥會問這種問題。

老師接著又說：「死者是一個男性，大約四十多到五十左右的年紀，而且房子的怨氣很重，我都開始有點不舒服了。」

行啊！完全正確……這老師是有本事的。

「老師……我現在的情況是，有沒有辦法說跟死者說一下，這房子屋主要賣，看能不能請他自己找個有緣人來接手，或讓未來的新屋主幫他辦個超渡法事之類的。」

那個老師看著廁所然後轉過頭跟我說：「他的怨氣有點重，不然你看要不要跟他溝通看看，用男人跟男人的方式，你去買瓶酒跟菸，就是到廁所那邊跟他說，看他願不願意了，而且地上那個汙漬算是他的怨氣，都聚在那邊了，加上廁所陰暗又不太通風，可能之後會越來越嚴重……」

看樣子老師也注意到那灘汙漬了，我聽說過一種說法就是人如果自殺或是意外死亡，殘留下的血液或是體液沒有清潔乾淨的話，似乎就會變成這個鬼魂在人間流連的一個依憑。

說實話我不是沒想過去跟死者溝通看看，因為介紹師姐來買房的那個同事也跟我說過要不要去跟死者說看看，因為我那同事也相信這樣子的溝通，所以我想……晚點去買瓶酒跟一包菸來問看看吧！

大約下午五點左右吧，我到了房子現場，還是一如既往，門一開那種強烈的壓迫感跟窒息感覺就來了，雖說不舒服還是得硬著頭皮上，我站在廁所門口看著不到一公尺的事發位置，我打開酒並將菸放在廁所地上，跪在那灘汙漬前面，心中甚至能夠想像到那名死者可能正以吊著的樣子低頭看著我，我拿出兩個十元銅板開始問他了。

我說：「這個房子想要賣，然後有成交的話請新買主幫你做個法事超渡你，願意嗎？願意的話請給我個杯。」

擲杯後，呈現蓋杯。也就是不願意……

我接著說：「屋主因為你這件事情房子不想留了，還是說你去找個有緣人來買這房子，有成交的話一樣請新的屋主做個法事超渡你，你看如何？可以的話給個聖杯。」再擲杯一次，依然蓋杯。還是不願意……這時不知道為何有種感覺就是他不想走，我就再問一次。

「是說你不要人家超渡嗎？」一擲杯，聖杯。

「所以……你不想離開這個地方嗎？畢竟你也已經……往生了，不想走的話給個聖杯。」

擲杯後，聖杯。

這時跪著的我有點在冒冷汗了，因為他不走我也不知道怎麼辦，我想到之前認識的投資客說如果這種凶宅不好賣，請死者找有緣人也是可以的！不過這位好像不願意呀……

我繼續說：「那這樣子吧，我受屋主所託賣這間房子，房子確定要賣，你要是可以的話找個有緣人買房子也剛好可以超渡你，可以的話賜個聖杯。」

再擲杯一次，依然蓋杯……我這下真的不知道怎麼處理了，我跪在廁所地板上，抬頭看了一眼乾濕分離的橫桿，接著低下頭眼睛閉起來，這時候我也沒什麼想法了，就在睜開眼睛的一瞬間，全身雞皮疙瘩都起來了，因為我眼睛餘光很清楚看到一雙腳站在我眼前，應該說不算站，有點懸空的情況，也就這麼一瞬間……我眨了下眼睛，就又沒了，我慢慢抬起頭，心有餘悸地確認四周啥也沒有。我告訴自己可能是自己想多了，但是頭痛的感覺越來越重了……只能說聲「不好意思，打擾了」就先退出廁所。

退出廁所後我站在客廳看著廁所，不唬爛你們……那個廁所門以極緩慢的速度關起來，而我就站在客廳睜著眼睛、嘴巴張開開的看著門慢慢關上，但是就在門快關上前，只見半掩上的門又在自己面前慢慢地打開，我後退了一步，用非常不可思議的表情看著這個現象。

老實說……這門開的時候我很怕看到什麼東西出現，不過還好……就是什麼都沒有，不過光這樣就已經嚇得我嘴巴都吃手手了！我唯一做的就是睜著眼睛跟張著大嘴轉過身，說了聲：「不好意思打擾了……」，然後就離開房子，如果這情況發生在過去我應該跑得比飛還快……但是不知道為什麼隨著遇到的怪事越來越多，好像有點見怪不怪了……

這間房子最後沒想到是由我自己認識的朋友，她公司的秘書買去了。我這名朋友她本身從事室內設計的，有一個自己的室內設計公司，那天在跟她講過後，她有次和她店裡同仁聊天時，提起了這間房子，她的秘書知道後，表明有興趣想要買，當然了我也跟她說明裡面的情況，包括……死者不給超渡的問題，所以這部分她可能得要自己想辦法了，也有些人會說請我幫忙介紹個師父或法師幫忙處理，雖然不是說沒認識，但這部分我建議自己找，因為做得好與不好至少是你自己找的心裡有個信任在，做不好你還可以知道去哪找人罵。

聽朋友說秘書她後面自己找了一個師父去處理，目前是還沒聽說有什麼問題，至少現在是。

有個插曲就是……不知道為什麼，一年後有鄰居知道這事情，當時還以為是承辦業務說的還去問了一下。

承辦業務說：「沒有啊……誰會去說這個呀！」

有人想買便宜的房子嗎？便宜的凶宅唷！

跨不過的情關

如果說讓一個人留在房裡不斷徘徊不離開，那我想大概是有未完成的事情或是強大的執念跟遺憾吧……

每個案件都有其背後深藏的無奈原因，然而，最常見的情況是為情所困的人，特別是那些正值青春年華的女孩，我聽著她們的家人述說對她們的思念與不捨，而我常常在想，她們想要表達的訴願，不知道那些從感情中離開的男子是否能夠聽到……

這個故事當時在我聽完屋主的訴說時，不可否認我能感受到屋主一家人那時候對這個死去的女孩子的思念跟無奈。

*****

自從之前我分享了一些仲介從業多年來經手的凶宅故事後，我沒有想過這些故事會讓很多人開始注意到「凶宅」這些房子背後的故事，今天我講一個位於桃園的房子吧。

二〇一九年一如往常努力上班工作，為了生計一直做著仲介每天都在做的事情，拜訪屋主、帶客戶看屋尋找每個成交的機會點。

有天下午我接到一個電話，電話中是一位中年婦女她說：「你好，不好意思請問一下是文先生嗎？」

「您好，我是，請問有什麼能幫忙的嗎？」我回。

「是這樣子的，我在網路上看到你有在幫忙處理凶宅這類的房子，那我這邊有個房子想請你幫忙處理一下，你看方不方便……」婦人問。

我一聽是生意來了，就連忙說道：「當然方便呀，請問一下您的房子是在哪邊呢？」

中年婦女說：「我的房子是在桃園，不曉得你能不能處理到這裡？」

我笑了一下說：「當然行啊，屏東的我都賣過了，桃園還好，走一趟就是了。」

在跟屋主確認過地點後，約好了碰面時間，就準備一下相關資料去跟屋主見面，我記得那天是禮拜四，路上那時候還有點塞車。

經過了兩個小時的車程，到了房子的地點，初步的自我介紹後，屋主姓林，是一位中年婦女。在看屋之前林小姐說去旁邊的便利商店等她先生一起過來，在便利商店坐著等林小姐的先生過來時，我先試著了解一下房屋的問題，這間房子聽林小姐說是她公公的，死者則是她小叔的女兒，也就是她老公弟弟的女兒，目前房子都沒人住，空屋狀態。

林小姐說：「自從事情發生之後……我們全家本來是三代同堂，我跟我老公還有我公公跟我小叔的女兒住在這邊，因為我小叔兒子在台北工作所以不住這裡，事情發生後我們都搬走到另一間房子去了，這屋子就空下來了，我們現在住的地方離這裡也不遠啦，過去巷子進去就到了。」

我試著問道：「那冒昧請問一下，就是那位往生者您姪女是怎麼往生的嗎？」

林小姐沉默了一下說：「她……有一天早上我們透天後面的鄰居看到我姪女，吊死在房間。因為我們後面透天都可以看到彼此，鄰居看到嚇了一大跳，趕緊衝過來跟我們說，那個時候我們還正準備要營業開店，聽到鄰居這樣說上去一看……就……人已經走了……」

「所以……她是上吊死的……」我小聲的確認。

「嗯……」

我們坐在便利商店內的桌子喝著咖啡，等林小姐的老公到來要談關於賣房子的細項，一邊聊著她在網路上看到我的一些相關訊息，覺得很厲害之類的話。

我又問道：「那……您這位姪女是什麼原因……竟然要用這種極端方式選擇離開？」

林小姐喝了一口咖啡嘆了一口氣說：「為了感情啊……」

林小姐接著說：「其實事情發生的早幾天前我們就知道她跟男友有感情問題，但我們都想不到她會用這種方式去表達她的痛苦。」

我聽完後說：「這……人生很多難關要過，自古情關最難受，只是她可能自己沒有過自己這個檻吧！」

「是啊……她才二十七歲，為了一個男生，就這樣子走了，不值得啊……」林小姐說得很無奈，可以體會畢竟是在一起生活這麼久的姪女，會這樣子離去，可能連他們家裡人都還沒辦法相信這是真的。

我問林小姐說：「那……家裡人，也就是你小叔的意思如何？」

「我小叔根本不想回來，一來是怕觸景傷情，二來雖說是我自己姪女，但說完全不怕其實也不可能，但比起來……傷心還是比害怕多一些。我公公的意思是想賣掉，在網路上看到您是有在幫忙處理這樣的房子，才想說詢問看看能否幫我賣這樣子。」林小姐口氣中可以聽出這一家人對這名姪女的不捨。

大約二十分鐘後，一名中年男子騎車停在了便利商店外，林小姐說：「我先生來了，你可以跟他談談，因為我公公對於孫女離去其實很難過，更別提我小叔了，那天看到自己女兒的……那個死去的情況都差點崩潰了，現在家裡大家都不願意回到現場，就由我先生他負責處理了。」

簡單地跟林小姐的先生自我介紹後，就直接溝通到現在房子想賣的價格以及請他帶我去看一下房子裡面的屋況跟拍照。

在了解屋主價格之後，我就跟著林小姐和她先生走到了房子現場，房子是間臨路的大面寬老透天有增建加蓋的。二樓加蓋三樓，一樓則是原本自己家裡用來做小吃生意的店面，這種透天做店面最合適，又顯眼面寬也夠。

進屋後我看房子的格局跟屋況，以前的透天就是大，地坪跟建坪都蓋滿，從樓梯往二樓走的時候我示意了一下屋主，請教當時發生的位置在哪。因為二樓有三個房間，而剛好在走到二樓時，這一上來就是一個房間的門口，裡面開著燈，此時屋主說：

「你到了。」

這個房間位於透天後面，跟後棟的透天後門就隔了一個防火巷的寬度，這兩家早上還可以起床問聲好的。進房後我又問了大概位置在哪，屋主說了是在靠近房間後陽台的位置，我看了一下問說：「那你們怎麼知道她在房間輕生了？」

「這個是隔壁鄰居跟我說的……鄰居說早上起來要上廁所就看到我姪女吊在那個房間裡面……」屋主說。

我一臉尷尬的說：「這……一大早不把鄰居給嚇死了！」

屋主苦笑說：「是啊……因為聽鄰居說我姪女的位置剛好面向著他們家方向，剛好就跟鄰居面對面，所以……那個鄰居嚇得不輕。」

我走進了房間裡，看了一下，不知道為什麼有種說不出來的奇異感覺，總覺得哪裡好像不太對，我走到房間的陽台停了一下。我就問屋主說：「是吊在房間裡面嗎？還是……陽台？」

「陽台……」屋主說。

「喔……」我心裡大概知道那種感覺是什麼了。

我想想怎麼說明比較好，即使眼睛被蒙住，當與他人在同一房間，雖然看不到，感官上卻可以明顯感受到身邊周圍哪裡是有人的，即使那人是靜止不動。人的第六感就是這麼神奇，縱使視覺被剝奪，仍能清晰地感受到哪個位置好像有人，或是一個空間有人來過的感覺。

那時候我一直以為女孩是在房間裡輕生，可是卻感覺不到過往大家說的「有人在這邊」的存在感。反倒是到陽台時我明顯覺得陽台有人待過，或是說……「有人正站在陽台」的感覺。

大概看一下整體房子格局，我繞到了三樓看了一下，就會發現到三樓時就沒有二樓那樣子的感覺出現。

有人說當一間房子有人輕生在裡面的時候，要把家中的燈都打開，一來是要營造家中的燈火通明，二來是怕房子如果太陰暗，又不開燈很容易聚集一些陰暗的東西跟積累不好的磁場，外加死者是上吊方式死亡，而人死後總有口氣要吐出去，但是自縊的方式會使最後那口氣被勒住，不論死的時候是帶著遺憾還是怨恨離開都會留下強大的怨氣在……

離開透天後，林小姐跟我說：「因為這個房子是我公公的名字，那我們家裡是覺得不想留著了，一來是怕公公看到會想起孫女當時的樣子，二來就是雖說是自己家裡，可是還是會有點怕……」

說真的我能明白林小姐的感受，基於一個想更清楚情況的想法我問說：「方便了解一下您姪女當時說是為了感情，大概是什麼樣的狀況？」

林小姐想了一下說：「就我姪女跟那個男的分手嘛，好像很難過想不開，結果就輕生了，至於實際的分手原因為何，我就不知道。」

「那……對方那個男生知道嗎？」我試著問道。

「沒有跟他說，因為我們也不想讓那個男生知道這個事情，怕他為了這個愧疚有心理壓力在……」

我心想你們也真的是好人，假如換成其他家屬，不免會心生怨懟，很大機率是將自己女兒的死怪罪到男生的身上。

假如男生後面知道了這個事情會怎麼想？一名女生因為自己上吊輕生死亡，很難想像這個男生倘若知道此事……那個心理的壓力有多大呢？還是他真的會在意這個女生嗎？

算了……不想這個問題了，畢竟我是來幫屋主找個客戶賣掉這間房子解決他們的問題罷了。

說實話按照以往我一般很少對事故屋拍照片，只是這次因為距離有點遠，有時候帶看前，客戶難免會問東問西，所以拍了一些照片，之後在做討論時可以有較為明確的畫面。

至於為什麼不太喜歡拍事故屋，是因為以前有拍到過一些……超自然的照片出現，我實在很不希望看照片時再看到什麼奇怪的畫面……

回到台中後我把資料整理一下，發給了幾個客戶，有些覺得有興趣的我都將照片發過一輪，確定可以接受的就約了來看屋。

在帶看過六組客戶後，雖說都有興趣，可是不知道為什麼遲遲沒有一個做決定，以仲介來說的話，就是覺得房子可賣但是進度整個卡卡的，期間也有不少客戶來問，就是沒下文……

後來有天一名客戶打給我，算是台灣大家都熟悉的投資客，也跟他認識了很久，他說他有個朋友有興趣，當然事成之後要給他一些分紅，對我來說這當然沒問題，畢竟也是要賺錢嘛。

之後他推了一個客戶的賴給我，姑且就叫他劉哥吧，在跟劉哥聊過並且發了房屋資料給他，就約了時間看屋。

我永遠記得很清楚，那天看屋的時候一樣是晚上大約八點多，對我來說只要看屋的客戶不怕，我就帶你看。

他老兄來的時候開了一台別摸我的車子，十足投資客的模樣，這次在帶他看房子的時候，有一種感覺但說不上來，我選擇忽略那股怪異的感受，想要專心帶看。

邊看屋邊講情況，我也大概示意了一下當時發生事情的房間跟位置，當然只是示意，畢竟要尊重裡面的往生者。

在我們看屋的時候離開二樓房間走到三樓時，我依稀聽到樓下有人關門的聲音，因為那個像是早期鋁門上面有馬賽克玻璃的那種，開關都會有種「咖咖」的聲音，我本來也沒想太多，但當我們從三樓下來時，要怎麼說呢……房門沒關，房間外面陽台門也開著。

因為當時發生的地點就在陽台所以那個門一直是關著的，就連對面鄰居那個房間都不住人了，更別說有人開門。一直到看完房子，劉哥跟著我到外面街道上看了一下透天面寬跟店面效應，他這時才問我說：「剛剛……那個我想問一下家屬當時有沒有請法師超渡這個往生者？」

「喔……這我就沒問了，怎麼了？」我說。

劉哥點了一根煙說：「死者是屋主的親戚嗎？」

「對！那個就是委託者的姪女。」我回道。

劉哥吸了一口菸說：「嘶……她還在，沒走！」

我愣了一下，問說：「你看得見啊!?」

「看不見啊，不過那裡有人在的感覺，而且剛剛我打電話問了我的老師，他也說人還在，沒走……」劉哥抽著菸跟我說。

我說：「這沒走不是很正常嗎，這她家啊。」

或許是經驗吧，幾次帶看裡面那個房間時，不時會有一種壓迫感，時而沒有，就只是有人在的感覺而已。

劉哥對於房子表示可以，準備出價與屋主進行談判。在與林小姐溝通了幾次後，得知登記人是林小姐的公公，雖然家中原本想賣掉房子，但林小姐的公公是希望賣在行情下一點點。

能理解他們有期望的價格，但現況是低價售出是必然要接受的事實。對於劉哥而言，他知道那裡很少有人出售房屋，尤其是透天店面，在過去六年幾乎沒有任何交易記錄，因此這樣的稀有性對他來說非常具有吸引力。

本以為可以順利的成交，可是事情並不如想像中的那麼順利，本來講好的價格，因為林小姐公公的反悔導致價格硬生生的漲到行情成交價，但因為是凶宅的緣故，畢竟本身有瑕疵在，所以是沒辦法達到老人家預期的價格。

對此我也多次走了幾趟去拜訪，但仍沒有辦法說服，結果這案子就只能先暫時放著了，後來在跟林小姐聊天的時候有稍微請她了解一下公公的想法，才知道其實公公很捨不得賣，但不是因為價格，而是因為那裡有跟孫女的生活點滴和回憶，也才曉得林小姐的公公非常疼愛那個孫女，事發的第一時間林小姐還不敢讓公公知道，就怕老人家接受不了，直到後面才跟公公說孫女已經往生了……

在幾次的跟屋主溝通沒有結果後，就跟劉哥說：「抱歉……因為老人家的不捨以及本身的想法，暫時就先不考慮這間吧，因為屋主有自己的堅持在。」

劉哥似乎也知道這個案件比較不好談，他有自己的信仰跟幫他的老師，他跟我說：「這個案子比較辛苦一點，因為我老師跟我說那個房子裡面的往生者還在，而且好像也有什麼遺願未了的感覺，嘿啊，再看看吧，如果屋主有想要賣的話你再跟我說吧。」

「行吧，如果屋主改變想法的話我再通知你吧，先這樣了。」我回道。

就這樣子這個案件告一段落了，之後就等屋主也就是林小姐的公公有沒有新的想法再去進行下一步了。

「林小姐，抱歉因為價格跟您公公要的有點落差，所以目前客戶這邊就先不考慮了。」我說。

其實林小姐知道這樣子的物件跟公公要的價格是有一段落差的，她也曉得這樣的事故屋價格本身是會有折價的情況，不過礙於長輩的想法，她也是尊重，只能不好意思笑著跟我說：「不好意思，讓你跑了一趟。」

「不會啦，因為我明白您公公的想法，也能體會，之後有想要賣的話再跟我說吧。」我說。

林小姐只說了「好」

在離開前我突然想到劉哥的話，便跟林小姐說：「林小姐，其實那天看屋，因為你們已經不常在那邊了，但……您姪女還在，因為那個感覺以及買方的老師都說還在裡面，如果可以，可能有什麼遺願未了吧……」

「喔……好，知道了。」對於這樣的說法，林小姐可能也不知道要怎麼回話。

其實我有想過，如果按照劉哥說的那個女孩子有遺願未了，那會是什麼？我怎樣都想不透，直到後面跟林小姐再問過的時候，又多聊了一點才發現可能的原因。

我心裡最後得出的想法是，這個女孩子當初選擇極端方式結束生命，是因為感情的原因，會不會只是想用這種方式讓她男友知道呢？想透過用這樣極端的方式讓對方注意到自己，還是……想要透過自己的死使對方內疚？

不論是哪一個目的都是想讓男生知道女生自己對男生的愛跟執著，只是……家屬當初的決定卻是選擇……

不讓男生知道，避免讓對方愧咎於心……

所以在離開房子的時候，我面對房子說：「我能體會你的心情跟想法，你一直想讓男生知道你很愛他，可是……他並不知道，也不會知道了，因為你的家人決定不給他帶來心中永遠的愧疚，所以選擇了不說，唉……」

故事到這了，這個女孩子對男生的感情，成了強烈的執著，讓她還在房子裡等待……或許時間久了，男生有一天回頭來找她的話，可能對男生來說就是痛吧。當然了……渣男是例外！

有人想買便宜的房子嗎？便宜的凶宅喔！

他不是自願的!?

你們有沒有遇到過周圍的人，平常人看起來好好的，也沒聽說他有什麼病痛，可能前一天都還和大家一起吃吃喝喝，出去唱歌玩樂，可是隔天突然就收到噩耗說他輕生死了！這一切發生得都很突然，毫無預兆，也不知道什麼原因，而死者也沒留下任何遺書，任何訊息，任何導致他輕生的原因。

我從業這些年經手的物件中，有很多情況都是像這樣的案件，前一天都好好的，隔天突然就輕生了。

分享其中一個案件吧，這是我近期接手的一間，是關於一個同行的朋友，我都叫他「金哥飄」以前是一起在台中西屯區合作創業開仲介公司，後來店裡頂掉後就各自發展了，我現在在台中北屯區，他則跟另一個當時的股東到台中南區那邊去開了仲介公司。

我記得是七月底的時候吧，晚上我剛從台北開車回台中的路上時，接到了金哥飄打來的電話，他問我說：「欸，那個我想問一下如果租客跳樓怎麼處理？」

我想了一下說：「啊？租客跳樓？那就去收屍啊！」

「乾，跟你說正經的喔，租客跳樓要怎麼處理啦？」金哥飄沒好氣的說。

我很認真跟他說：「就真的去收屍啊！不然呢？是什麼情況？」

金哥飄用很無奈的口氣說：「啊就剛剛……那個我之前招租的那個社區有租客從上面往下跳啊。現在管理室那邊跟屋主說了之後，屋主打給我，一直在罵我……我現在不知道怎麼辦……」

「痾……剛跳下去啊!?」我問道。

「是的，我打給你的前十五分鐘……」金哥飄說。

「恩……」我頓了一下說：「你在現場嗎?!」

「沒有……我就想說你看能不能幫我去看一下，因為我不敢去。而且屋主剛剛還在罵，想說看能不能請你去了解一下情況，順便跟屋主回報。」我聽完金哥飄講完這些，就大概知道情況了，主因是他不敢去……

「這……你不敢去啊？」我問道。

「嘿啊，就我八字輕嘛，才不到三兩，我家裡還有小孩，怕到時候回家影響到小朋友，而且社區經理跟警察也請仲介這邊過去說明情況，你看能不能幫忙一下，拜託了……」金哥飄非常誠懇拜託我走一趟。

我聽完後說：「那行吧，我大概二十分鐘後會到社區，我再去了解一下情況，你把那個租賃合約書發一份給我，我看怎麼樣等等跟你說，你家屋主應該很快又會打電話來幹礁你了。」說完我就回去把車停好，騎著機車到社區。

這個社區算是台中豪宅社區，公設豪華跟地點絕佳，社區也有社區餐廳，想得到的設施應有盡有，因為之前常常帶看這個社區，買賣跟出租都有經手到，與社區的警衛跟物業經理也算熟識，雖說這個社區也不是說只有一兩間這樣的情況發生過，不過能低調就低調吧。

我到現場後，在社區的大廳警察已經跟租客的同居室友都聊了一下，看到他們準備要上去了，這時我留意到大廳有個阿姨在那邊哭，但沒有特別在意，我並沒有馬上跟著上去，而是先跟社區經理打個招呼，問了一下說：「經理問一下……那個摔下來的位置在哪邊？」

社區經理說：「在旁邊那個車道位置……」

「嗯……知道了，我代表屋主來了解事發經過跟來這邊向警方說明，等等我會上去房子看一下，我先去……旁邊看看，稍後過來。」說完我就往旁邊車道走過去。

我看到一個帳篷蓋住了屍體，旁邊還有一處也被遮蓋起來，我抬頭往上看了一下，再看了摔下來的位置，旁邊還有警方鑑識科的警員在進行鑑定工作，我就回去社區準備上去房子看看情況。

我跟經理說：「幫我感應一下電梯，我要上去樓上，謝謝。」

經理請警衛跟我過去電梯，臨走前我跟社區經理說：「經理，不好意思幫個忙，這個事情盡量幫我低調，不然會影響到社區整個日後要賣的房價或是社區本身的評價都會受影響的。」

經理面露難色說：「來不及了……因為有名住戶看見了，他還是騎車出來的時候就摔在他的面前……而且當下……頭跟身體是分開的，旁邊的牆上跟花園都有沾到那個……噴出來的東西。」

我聽完就知道是什麼了，那地面上跟牆壁除了血……還有死者的腦漿……

經理接著說：「那名住戶被嚇得不輕，跑到櫃台一直說，『欸欸……那個……有人掉下來了，有人摔下來了，啊啊啊，有人摔死了……』就這樣子，他人驚嚇過度連話都說不清了，我們聽完後過去查看，就看到死者摔在那邊了，屍首分離，牙齒還一整排的掉在車道上。」那名警衛比劃了一下方向，我才知道一整排的牙齒是指……不知道是整個下顎還是上顎整個掉在車道上了。

我請經理幫我感應上樓，到了門口因為鑑識科的警員還在，非相關人員或是住戶都沒辦法進去房子裡，我也只能在門口外面等了。

期間就看著鑑識科員警在詢問那些同居人的租客，我留意到這些「同居人」都算是滿年輕的，身上跟腿上都有刺青，至於做啥我就不知道了，不過在我經驗中大部分偏門居多，要不是博奕相關，要不就是詐騙的了。

一名警察見我站在門口便來問我是誰？我說是我負責當時租屋的房屋仲介，代表屋主前來了解什麼情況，好讓我回覆屋主。

我將租約給了員警，並詢問了當時簽約的當事人在不在，警察看了眼合約上簽名的承租人，也問是哪一位？這些租客給的答案我都傻了，他們說：「那個當時負責簽約的人在當兵，在軍營裡。」

「啊？所以你們跟承租的人什麼關係？」員警問道。

其中一個比較瘦高的說：「就認識的朋友，大家一起合租，由他出面簽約。」

我看著這位帥哥，他兩隻小腿上都有刺青一邊刺了「得之我幸」，另一隻小腿刺了「失之我命」。

我心想「得之我幸，失之我命」你還真是認命啊，怎麼不起飛啊，真不知道徐志摩看到會說什麼……

更讓我頭痛的是，住的人跟合約上的簽約人不同，這就是一個很大的麻煩。為什麼這麼說，租約上沒有連帶保證人，只有緊急連絡人，自殺的死者又不是簽約的人，屋主要求償也不容易，因為可以說是外面進來的朋友做的行為，而且我後面還知道這些人入住時，除了簽約人外，其餘入住的人都沒去管理櫃台那邊做資料登記。物業經理也說他們那戶進出的人比較複雜，沒辦法完全控管到，當然這也怪不得物業，有時候社區戶數多，人員進出真沒辦法管理得面面俱到。

當時我暫時無法進入房子裡面，就下樓去詢問經理，由於屍體還在外面用帳篷蓋著，我到櫃台跟經理說請他們物業幫忙務必不要把事情宣揚出去，但進進出出的人太多了，已經有些住戶知道了，也只能請他們低調不要去宣揚。這時我留意到大廳的那位阿姨，因為旁邊有一些像行李的東西，而引起我的注意。這時經理跟我說：「那位是死者的媽媽，聽說死者本來好像是要搬回家的，都已經打電話給家裡請媽媽來接他回家，結果……」

「結果接了一具屍體回家……」我小聲地說著：「而且還不全……」

我去外面問了鑑識科的員警什麼時候能把屍體移走，因為越來越多人知道了，但礙於檢察官那邊還沒認定為他殺或是自殺，所以不能隨意移動，現場就是殯葬業者跟鑑識科員警跟我在那邊等，這樣子一搞都快凌晨十二點了，期間我還持續回電話給金哥飆說明最新情況。金哥飆那邊也不容易，聽他說屋主剛剛還在罵，已經盡力安撫了，我跟金哥飆說：「因為還沒釐清是他殺或自殺，所以還要再等一下。」

後來因為仲介這邊已經沒我的事了，該提供的跟說明的也都跟警察講完了，合約書也讓他們拍了一份，只是……要金哥飆跟他的屋主說屍體還沒移走就是了。隔天經理打給我跟我說大概半夜兩點才結束，而社區的大部分住戶都已經在群組中傳開了這件事。

我跟經理說：「真的……請他們業主幫自己一個忙，低調點，不然這社區以後他們自己要賣會很難賣的，主要是價格也不會太好。」

金哥飆跟我說租客可能會再繼續租，所以先這樣子。本來我也以為會繼續租，不過大約一個禮拜後，金哥飄跟我說租客他們商討過後不租了，叫我去跟他們代表辦理退租，這租金就只能扣押了。

當時我約了一個他們代表來點交的，就是刺了「得之我幸、失之我命」的帥哥，姑且叫他阿東吧。

我跟阿東約在社區大廳碰面，因為我對他沒啥印象，是看到刺青才記起他是當天晚上在場的人，我邊走邊問他說：「我冒昧問一下，你那個往生的朋友，他有留下什麼遺書或是其他相關訊息嗎？」

「完全沒有。」阿東說：「真的是很突然地就發生了，說真的我們所有人都不知道是怎麼回事。那天我只知道他說想要回家，有叫他媽媽來接他，當時他也陸續將些東西都搬下去了，後面也是樓下櫃台跟我們說才知道他跳下去了。」

「所以當時完全都沒有任何跡象或是什麼其他原因造成他這樣子就是了。」我問道。

「完全沒有，而且我們也想不通，因為我本身不是說很信這種鬼神的事情，但是又想知道原因，所以我們有跑去問事，就是那種……乩童那種，我是真的很想知道他為什麼這麼做。」

阿東跟我說了他們之後問到的答案，我聽了也覺得很玄。

阿東告訴我說：「我那天問事有請他上來，因為我不確定是不是他，我們就有其他室友在旁邊問乩身一些關於生活上的事情，重點是……他說的都是對的，而且就是那種，外人不會，也不可能知道的那些事情。包括前一天說了什麼話，打打鬧鬧的話，這種瑣碎小事，那些乩童跟旁人不可能知道，卻能透過乩身說出來，我才相信那是他……」

阿東接著說：「我們問他說你為什麼要這麼做，是有什麼問題還是什麼困難，好好的怎麼突然跳下去？」

而死者的回答阿東也覺得不可思議，阿東說：「那個我朋友就是死者，他說：『我也不願意……但就是有人要我這麼做，我不能控制自己的身體跟行為，是有人控制我讓我跳下去的……我不想死啊……我真的不願意啊……但我沒辦法控制自己，我甚至也沒辦法喊出來……只能看著自己被操縱著往陽台欄杆跨過去後跳下……』以上，這是我們問完後他給我們的說法。」

我聽完後問了阿東說：「有人逼著他跳？是說他有去什麼地方嗎？或是說他本身有沒有什麼精神上的疾病給他帶來的病徵而造成？」

阿東搖搖頭說：「沒有的，我們認識很久，也沒有看他有什麼精神方面問題，就是他確實去過一些磁場不是很好的地方就是了。」

「磁場不是很好的地方？他是做探靈主播的嗎，不然怎麼會到『磁場不好』的地方？還是去那種廢墟或是靈異傳說的地點探險嗎？」我好奇問道。

「不是啦！反正就是一些磁場不好的地方就是了……」阿東說。

我見阿東似乎沒有要說明白的意思就沒多問了。

在進去房屋面後，原則上東西都收得差不多了，屋主要我用錄影方式錄下整個房子的情況給他，我就一邊錄一邊確定屋況，邊做點交。我到後陽台看到了當時警察留下來的一個算是跳下去的位置，欄杆上做了標記。要說這房子有什麼特點，我反而沒有什麼感覺，但總覺得有什麼還停留在房裡就是了，我特別把手機從陽台伸出去拍到下面車道跟屋主說：「這就是當時事發位置，摔下去位置就差不多，你想一下就是了。」

我還記得事發當天晚上處理得很晚，因為檢察官跟警察都覺得死者的死因不單純，當時檢警有向死者母親提出要解剖死者來確認死因，而死者的母親因為不想要自己的兒子再去解剖，加上當時的屍體都還沒移走，死者的母親就拒絕了，希望能趕緊把兒子大體入殮。一般來說自殺處理的流程大約兩個小時檢察官確認沒問題後就可以結案了，但是那個案件疑點很多，卻又沒有確切的證據，只知道他的死因很匪夷所思，因為不只警察連他的朋友跟我這仲介都覺得不單純。

這房子屋主也說要賣，我也還在找適合的買主，只是總價比較高，雖說有很多投資客有意願但就是……總價高，登記人必須要非常有實力才行！

至於租客阿東跟我說的事情，我有去問過一些師父，師父說：「他也不願意跳，有可能……是冤親債主來討了吧。」

包括中途的投資客也有去問神明，而神明也說了一樣的話。

「那個死者的死因不單純，不是他自願的……」

這是不同的客戶在不同的地方，他們自己的老師問房子的事情時得到的答案，而這些回答當他們告訴我時，雖然我沒告訴他們，但是他們問的結果卻是一樣的，是巧合嗎？

好啦！有沒有人想買便宜的房子呀？便宜的凶宅唷！

屍臭是怎樣的味道？

很多人沒聞過，但是有聞過的人今生今世一定忘不了，那個味道會在你腦海裡深深地烙印下來，直到有一天若再聞到，會依然讓你記憶猶新。有聞過死老鼠的味道的話應該會有印象，想像屍臭就像是四、五十隻死老鼠集中在一起的臭味，而這味道就像吃火鍋跟燒烤的時候一樣，會沾在衣服上……

人生很苦，能過的人正在努力，放棄的人就選擇了不同的方式離開……

燒炭好像是很多輕生的人常用的方式，也許是認為在睡夢中死去的話就不會那麼痛苦吧……

只是當你死亡後，身體機能一旦停擺就會有腐敗的現象，屍臭味逐漸蔓延開來，並吸引成群的蒼蠅跟蛆在屍體上爬，屍水流到了地上……

可無奈的是……

你只能在房間裡，站在自己的屍體旁邊看著自己的身體慢慢腐爛……

****

前段時間有個認識的朋友介紹了間位於高雄三多商圈一帶的套房，他跟我說那間房子之前的租客用燒炭的方式在屋內輕生，因為死者是一個人住，也鮮少與家裡人有聯絡，直到死了一個多禮拜才被發現，那時候因為季節比較寒冷，但也不過一個多禮拜時間……等到屍臭的味道飄了出來被鄰居發現，才報警處理。

這個朋友我叫他昌哥好了，昌哥是從事特殊清潔的行業，像是命案現場或是這類非自然身故的現場。往生者的大體狀態有很多種，可能處於腐爛長蟲，屍水滿地流淌，或者像墜樓的情況，屍體殘骸是會散佈在社區各處。雖然通常他到案場施作清潔時大體都已經被殯葬業者帶走，但環境清潔也是相當不容易，而昌哥就是專門負責這類的清潔業務。

有一天昌哥打電話來跟我說在高雄有個案子，本來是他要去做清潔，後來屋主說還是賣一賣好了，就想說請我有空去了解一下現場，然後探詢有沒有投資客願意接手，我心想也好，最近確實有些客戶專門在找這樣的特定物件，看看有沒有機會處理。

昌哥告訴我說：「欸，水鏡，上次跟你說的高雄那個房子是個套房，滿大間的，本來屋主要先清潔再賣，但現在好像不清了，要直接賣。」

我聽到不清潔的時候臉就垮了，我說：「昌哥……屋主不做清潔?!因為照你之前說過的陳屍一個禮拜應該會有屍水那些流在地上吧!?」

昌哥：「沒錯，之前是有味道在，但屋主有開窗戶又開著電風扇通風，應該有散一點，你要不要先來看一下，地址給你順便直接問看看有沒有客戶要買。」

「那……那屍水的部分呢？」我問了昌哥。

「嘶……家屬有來清潔一下，可就是拿著拖把那些大概拖一下而已。」昌哥說。

「拖把拖一拖就會乾淨了？怎麼可能？我又不是不知道那個味道跟屍水哪那麼好清乾淨啊！」我一臉疑惑地說著。

「對阿，所以才想在你來之前，先跟你說一下這屋況可能沒那麼好唷。」昌哥好心提醒道。

聽昌哥說完房屋情況我突然想到。

「昌哥……那屋主為什麼不清？那個叫你弄好不是很快嗎？而且花個錢清一清弄乾淨來賣也對賣屋的時候有幫助啊。」我問。

昌哥聽完後笑了一下說：「那個屋主不住高雄，本身因為生病中風行動不便，加上這個房子價值你也知道沒多少錢，這種特殊清潔本來就比居家清潔貴一些，我弄好報價給她，她本來說要清，後來又說不清了，主要是不想花這個錢，所以就不清潔了，叫死者家屬他們自己清潔，不過這類髒汙家屬憑一般清潔工具怎麼可能清乾淨呀！所以現在裡面可能屋況很糟。」

大致了解房屋情況後，我就跟昌哥約了個時間過去看屋，沒問題的話就可以跟屋主商量價格了。

因為地點在高雄，長途開車有點遠，我就硬拉著我的同事，一名資深老仲介，我都叫她「阿敏姐」，雖然她一開始千百個不願意，但在我利誘之下，總算是答應跟著走，不過只負責回程怕我太累幫我開車而已，因為阿敏姐本身對一些比較不好的磁場跟東西會很敏感，而這也是為什麼我會拉著她來的原因，但我並沒有告訴她為什麼找她來……

到了當天我跟昌哥約在大樓樓下見面，昌哥說：「現在可能還有味道，你看一下情況評估過後自己再去跟屋主談吧。」

就這樣昌哥跟樓下警衛大哥打過招呼拿了鑰匙就上去了，阿敏姐因為對這種事故屋比較敏感，加上她也是屬於那種覺得賣凶宅會衰的房仲，怕之後影響自己的業績所以就選擇在樓下等我不上去了。

這大樓本身是一個老舊的社區，早期建商蓋了一整批大部分都是套房，因為以前公設不多，所以這個套房很大，整層來說一層大約十幾戶的那種，畢竟是套房加上老房子本身租金也低廉，有些比較經濟弱勢的人會選擇便宜的地方作為居所，因此就居住人口來說有時候會稍微複雜一點，不過……卻也都是為了生活在努力的人。

上樓後一出電梯門口，我就聞到了很臭的味道，第一個反應就是屍臭味。我開口就跟昌哥：「天啊，怎麼蔓延到電梯這兒了！」

昌哥說：「就我們出電梯第一間就是了，所以味道會比較重一點。」

到了房子門口外層有紗窗鐵門，內門開著可以看見裡面有電風扇在運轉，是想保持通風把房間味道給吹散掉，不過……感覺沒什麼用，反而把屍臭味全吹出來……

其實在進門前我有大概想像內部情況，不過事實比我想得還糟糕，進去看了一下屋況，一個大套房一眼就可以看完整個房間，房間裡面已經被清空了，留下的有電視跟電扇這些東西。房子裡面除了臭還是臭，昌哥還戴著口罩，我什麼都沒帶，雖說這個可以適應，但永遠不會習慣，我只能用手肘遮著口鼻擋一下味道……但沒什麼用就是了。

在房間中心有一個比較髒的地方，除了那個位置有破裂的地磚外，很明顯可見有一攤黃色水乾掉的樣子，我就跟昌哥說：「那裡就是陳屍位置吧？」

昌哥點了點頭。

我看著那攤乾掉的黃色水痕，應該就是屍水了……

「昌哥，事發到現在多久了？」

「大約一個月了。」昌哥說。

我想了一下說：「一個月了！怎麼味道還是這麼重啊？而且開著電扇又開窗開門通風，也該散得差不多吧！現在味道還這麼重……之前不就更臭了！」

昌哥：「其實沒什麼差別，之前味道也這麼重，不過也沒辦法，屋主不想花這個錢清潔，家屬又只是用拖把隨便清一清，這種東西怎麼可能拖把拖一拖就能乾淨的，這味道是一定要用我們特殊的儀器跟清潔劑才有辦法消除掉。」

雖說套房，但也算一間大套房，畢竟以前蓋房子沒那麼多公設，室內坪數自然大多了，我忍著臭味站在房子中間，當然不讓自己去踩到地上那片乾掉的屍水，但就在我站在房間中間稍微看一下屋況時那種熟悉感覺來了。

一種壓迫感……

在房間裡只有我和昌哥兩個人，但這種壓迫感彷彿是有一個額外的人站在我們旁邊。有時感覺在右邊，有時又似乎往左邊走，就像有人一直在注視著你，讓我感到非常不舒服，我第一個想到的是……人還在。

因為那種壓迫感太強烈了，我開始感到想吐，還有點頭暈。我非常確定這不是由於屍臭味道引起的，而是這間房子裡的人還沒走，而且感覺似乎死的時候還有很大的不甘與遺憾。

「人還在……」我小聲地說出來。

昌哥似乎沒聽到我說什麼，我跟昌哥說：「我們下去說吧，順便了解一下屋主的想法。」

我拍了幾張室內照片跟房子外面梯間走道的照片，就跟昌哥下樓去。到了大樓外面昌哥邊抽菸邊講屋主的想法，基本上不想清潔想直接賣，看我這邊有沒有適合的客戶。

「昌哥……那個往生者根本沒走，還在裡面……你沒有感覺到有一股壓迫感在我們兩個人周邊繞嗎？」我問。

昌哥搖搖頭說：「沒有耶，可能我八字比較重吧！我做這行到現在都沒有遇到什麼特殊的事情，甚至有些法師跟師父說我命格八字夠硬，做這行合適。」

我心想昌哥你也是人中龍鳳啊，做這行的確命得夠硬才行，要不然三不五時跟幾個回家就沒完沒了了。

「不過昌哥……這屋主也太摳門了吧！省這個錢到底有什麼好處？就是要賣也整理乾淨吧！」我說。

昌哥笑著說：「這我就不知道了，省這個錢也沒解決問題，說真的一點錢能整理好，之後要賣客戶看到也比較不會排斥，就不知道屋主在想什麼？反正可能就是現況這樣子賣了，假如你客戶想要來現場看的話，務必告訴他戴口罩就好了，不然怕他們受不了……」

跟昌哥聊了一下，昌哥把屋主電話給我後叫我自己再跟她連絡，到時候有成再包個紅包他就好了，我連忙說這是當然的，畢竟是昌哥介紹的當然會好好道謝。

拜別過昌哥後我往車子方向去，我請阿敏姐幫我顧車，也許是我待在房子現場太久的關係，上車後阿敏姐聞到我身上的味道立馬就衝下車到旁邊去吐，只聽見她不斷地說：「好臭喔！你不要過來，臭死了……」

聽她一邊罵一邊吐，或許這味道對一般人來說還是重了些……

我只好趕緊拿車上香水噴一下自己，然後把車窗都打開，沿途開車阿敏姐一直不敢大口呼吸，深怕再吐出來。但凡進出過凶宅我都會去附近廟宇拜一下，最重要的是因為房子裡的人還在……我怕他會跟著我回家。

為什麼會這樣想，是因為開車返途的路上總覺得後座有人，我都不知道為什麼自己會不斷看後照鏡。

我跟阿敏姐說到旗津去吧，拜一下媽祖順便吃個晚餐。

到了旗津，先去廟裡拜拜，第一件事就是告訴神明說我去了什麼地方，請房子裡的人別跟著我回家，因為我什麼忙都幫不上，所以別跟我。

作為答謝我請了阿敏姐吃飯，不過可能是身上那時候沾上的屍臭味讓她沒什麼胃口，但還是叫了海鮮請她多少吃一點。至於為什麼會想挑旗津這個地方去拜拜，主要是海邊風大，想說順便散步一下把身上的味道吹散些，在晃了一小時後，我叫阿敏姐聞一下我身上還有沒有屍臭味，阿敏姐一臉嫌棄勉為其難地聞了一下，確定沒有後，我又噴了點香水就準備開車回台中了，路上假如我累的話再請阿敏姐到時候接手幫忙開車。

在回台中的路上，不知道為什麼總是感覺到後座有人坐著，所以我下意識地一直望向後照鏡，但不是為了看後方有沒有其他車輛，而是盯著後座的位子，試圖確認我奇怪的感覺，因為我總是有種感覺，那裡有人在。

而這種感覺並不僅僅是我一個人有，事後阿敏姐告訴我時，才知道她也有同樣的感受。在開車途中，有時候我踩下剎車，車上就會突然飄出一股屍臭味，起初我以為是我身上卡到的氣味，但阿敏姐靠近我聞過後確定味道不是我身上散發的。在路上停紅綠燈時，又再次踩了剎車，這次我感覺味道好像是從後面飄過來的，但當我要仔細確認時卻又沒有嗅到任何臭味。好幾次我懷疑是否是自己在房子裡的時候踩到了屍水，還試著低頭聞了鞋子的踏墊，但也沒有發現異味。

路上我跟阿敏姐沒什麼說話，一直到了台中後我打電話叫老爸老媽準備艾草跟淨符加了陰陽水，等等到家要撒在車子裡面跟身上。

到我家樓下後，我把艾草跟符水擦拭了一下身體，並灑了一些水在車內，很明顯的一種感覺就是……後座有人的感覺消失了！

這時候阿敏姐才開口說：「那個……剛剛路上你有沒有覺得車後座有人啊！我覺得那個房子裡面的人跟著回來耶……就是後座有沒有人的那種感覺你應該會知道，很明顯的分別。」

我回頭跟阿敏姐說：「連你也有這個感覺！我剛剛沿途路上一直在看後照鏡就

是覺得有人在我後座，不過你幹嘛不早說啊！」

「靠夭啊，那個誰敢講啊！」阿敏姐害怕道。

畢竟是因為我的關係才有這事，所以我默默地聽著阿敏姐的抱怨，隨後稍微整理一下就送阿敏姐去牽她的機車。

由於回來的時間晚了，到家後洗個澡就睡了，不過我本以為淨化一下車子擦擦身體就沒什麼事了，但我想錯了，因為他只是離開車子，但還是跟著我回來了……

因為那天晚上我做了一個夢……

夢裡面的畫面是這樣子的：

我回到了那間房子裡面，不一樣的是我看到了那名往生者，一位男性！我看不清楚他的臉，但可以感覺到他有很多的無奈甚至失落，我站在房間看著他哭了，接著拿了一個盆裡面裝著木炭，他把房間窗戶跟門窗全部關起來，點著了木炭……這男子起初是坐在床邊低著頭擦眼淚，接著躺在床上準備睡覺的樣子……

接著，本來是站著看著這一切的我，卻突然變成是我躺在床上！在夢裡我正在體驗燒炭死亡的過程，感覺到頭痛又呼吸困難，身體有意識卻不能動，像是在體驗他的痛苦過程……

沒多久後我又變成站在房裡的一隅，看著眼前躺在床上自殺的那位往生者，與此同時，往生者的魂魄也在站我旁邊，我們兩人就這樣看著躺在床上的人死去……

我看見床上的大體開始慢慢地發黑、流血，甚至皮膚上開始滲出人體的組織液順著床流到了地上……我在夢中知道那個是……屍水。

而旁邊的他，除了一直看著自己屍體的變化外，也沒別的反應，但是卻看到他在擦眼淚的動作，而我也伴隨一種傷心、失落跟絕望的感覺。

直到隔天早上手機的鬧鐘鈴聲把我叫醒了，拉回來了現實，醒來當下只覺得胸口憋得悶，第一個動作就是大口喘氣跟深呼吸。

第二天我把這事跟昌哥講一遍，昌哥說：「可能跟著你回去了，你正在看著他死亡的過程……你要去廟裡拜一下了。」

我說：「有啊，我還去旗津那邊的媽祖廟拜了，但還是跟回來了，我晚點再去城隍廟拜拜好了。」

我去拜城隍爺時，告知城隍爺我只是一個仲介賣房子的，對我來說這只是工作而已，跟著我我也幫不了忙，所以請城隍爺做主保佑我平安。

過一個禮拜後昌哥打電話來了，電話裡昌哥說：「欸……那房子出現靈動現象了！」

不知道為什麼我不怎麼感到意外，我說：「昌哥，我就說人還在裡面，是怎麼樣的現象啊？」

昌哥說：「那一戶啊，聽說晚上會有人走動跟說話的聲音，而且還有開電視的聲音，甚至還聽見咳嗽聲，可是重點來了那一戶沒人住，對面也是空的，旁邊的那戶我知道幾年前也是凶宅所以一直空在那邊，根本沒有人住在那戶的兩邊跟對面，因此房子屋主也沒開燈只開著外紗窗門保持通風，可是……有人從紗窗門外看到電視打開後又關掉了，還有人走路的聲音，接著紗窗像是被人從裡面拍了一下『碰』的一聲，結果嚇跑了鄰居，聽說沒幾天那一層搬走了快一半的住戶，連警衛大哥都嚇死了不敢去巡邏。」

「哇，這麼精彩！」我聽得挺害怕的。

我突然想到一件事問了昌哥。

「昌哥，你那時說他往生到現在一個多月，到靈動出現那天是不是剛好他往生滿四十九天了？」

昌哥想了一下說：「好像是欸，剛好那天他滿了四十九天的時間……」

接著我們兩個就沒說什麼了。

故事就到這了，至於這房子的後續如何，其實沒有賣掉也不好賣！本來有報給一個投資客，後來這個投資客一聽有超自然現象馬上說不買了。

當然除了超自然現象外，一來是味道，二來就是價格了！

主要還是價格，屋主跟我說他只接受賣到行情價低一點點而已！我心裡大爆怒，說要賣的是你屋主，不甘心賣便宜的也是你，要賣房子你也把房子整理清潔乾淨吧！省那一點點的錢根本因小失大吧！更別說還鬧鬼了……

結果阿敏姐因為這事靠邀了我好幾天，說什麼屍臭味啊，騙她說沒什麼事情，結果吐了一堆。

不過事後我常在想……為什麼會跟我不跟阿敏姐呢？她體質應該比我敏感啊！

有人想買便宜的房子嗎？便宜的凶宅喔！

紅衣女鬼

有時候我常在想每個凶宅背後有什麼樣的故事在？或是說一個人面對了什麼樣的打擊或是過不去的坎，才會選擇或許是很多人想過卻又不曾實行的事……

以前的學長姊總是說如果賣到凶宅，盡量不要去賣到上吊的房子。因為人死有一口氣要吐出來，但是上吊的人他們死的時候，因為被繩子勒住了，以致於一口氣吐不出來……

傳言中，一個人輕生時，多少帶有遺憾、怨恨以及不甘，而心中特別有執念怨恨的人，甚至會穿上紅色的衣服去自殺，而那股強大的恨意跟執念就成為人們口中說的……

厲鬼

*****

這些年經手了很多的事故屋，當然不是每間凶宅都會有什麼怪事發生，只是如果有超自然現象，就一定很讓人印象深刻。那我分享一個凶宅的故事吧，因為這個故事即使現在回想起來還是心有餘悸，總覺得……這會是我最難忘的經歷。

有一個朋友，我都叫他于哥，他是專門做清潔的公司，他的公司有一項業務很特別，只為特殊事件發生時所作的清潔，那就是……

「命案現場」

于哥是一個很熱情的人，有時候彼此會聊聊凶宅的事情，當然他算是人中龍鳳了，聽說因為他八字夠硬，所以在那種現場進行清潔工作的時候也不會有什麼特別的感覺，不過也是啊……畢竟這特殊事故現場清潔的公司全台灣只有三間，而他就是其中一間。

有一天接到于哥打來的電話，

「嘿，有一間剛剛發生事故的房子，這兩天要去清潔，聽那個屋主說有想要賣，你要接嗎？」于哥問。

對我來說有生意賺，我當然會說好啊。

「當然好啊，在哪啊？」

「台南。」于哥說。

對於我來說賣事故屋，不論南北我都會跑，所以當下就立刻應了下來。

我初步了解一下情況，就問于哥說：「話說這房子是什麼情況啊？」

于哥跟我說，這次的案件有點棘手，連他承接時心裡都稍微有點顧忌。

他說：「水鏡，這房子現況是改了五間套房的，前幾天有一個租客在其中一間套房裡面上吊自殺了……」

我一聽想上吊的，那應該會比較不好搞，思考再三，我還是跟于哥說，

「上吊是比較兇一點，有知道屋主目前的想法嗎？」

于哥說：「之前是跟屋主聊了一下，他是想說乾脆賣一賣好了，因為死亡有兩

三天所以現在房子裡面有一點味道……」

我說：「味道……所以屋主想清潔完後要賣就是了。」

大概能理解屋主的想法，當然這樣的房子最重要的還是價格，屋主若不願意降點價格，賣太貴的話也沒有客戶願意買單，只是這樣子的產品是隔了五間套房的案件，基本上是靠收租置產型的產品，投報率還是很多投資客十分重要的參考數據。

就在我想這案子要問問哪個客戶有意願時，于哥跟我說一件事，我聽完後覺得這次得硬著頭皮提著膽才能賺這個錢了。

于哥告訴我關於這個上吊往生的租客情況，

「水鏡，跟你說一下，這個死者是個女的，是上吊自殺沒錯，但是……要怎麼說比較好……就是她死的時候把自己打扮得很漂亮，化了妝，穿上了紅衣服以及紅鞋子在房間裡面上吊了。」于哥講這段話的時候其實語氣很沉重，似乎他也對這個女孩子的死亡方式有點感觸。

我則是在聽完關於死者的情況後，整個心都涼了一半了，心想化了妝穿著紅衣紅鞋上吊！天啊……這是有多大的怨恨啊！

「嗯……那于哥，有聽說是為了什麼原因嗎？」我問。

于哥想了一下說：「聽說好像是感情的事情，那個女生才二十六、七歲而已，那女生有留下遺書，聽房東說家屬透過遺書知道女生因為感情問題輕生，而且聽警察講，女孩子當時是穿紅衣跟紅鞋上吊的……我看這個怨氣應該很重喔！如果你這邊有客人要的話我就幫你介紹給屋主了，那就先這樣了晚點聊。」

掛上電話後，大致的情況于哥在電話裡都跟我說過了，我評估一下決定承辦這個案件，接下來我就抽個時間要去現場看看了，看了一下日期，快到週末了不想六日塞車在高速公路上，我想就下禮拜二過去，到時候看房子情況吧！

就在這時候電話又響了，看一下是于哥打來了，便接起電話。

「欸欸……對了，我忘了跟你說一件事，就是那個房子現在有一些超自然現象喔！」于哥說。

我一聽整個傻了，說：「超……超自然現象！什麼情況啊現在？」我非常的緊張，因為這種穿著紅衣紅鞋化了妝的，絕對不是那麼簡單。

「嗯……反正你來的時候再跟你講詳細情況吧！」于哥說。

就這樣，于哥幫我跟屋主約好時間後，決定碰面時再細談。

一直到了約定日當天，我開車前往台南去到了現場，透過于哥介紹跟屋主碰面聊了一下，順便了解房子目前的現況。

屋主是一對夫妻，先生是退休教授，太太也是公家單位的退休人員，雖然說有點年紀，不過身體各方面看上去都還很健壯。我們約了一個可以坐下來說話的地方，在簡單的自我介紹後，我就直接切入正題，問了屋主對於房子現在的想法以及事故原因。

屋主很無奈的說：「我這是改成了套房收租的，目前隔成五間，就像于先生之前跟您提到的，其中有一間房之前的租客她在裡面就是上吊了……因為死亡時間有幾天的樣子，所以就有些味道出來後，報警破門才發現租客已經死了，因為這緣故其他四間房子的租客都紛紛退租，雖然說他們租約還沒到，但是畢竟發生這事情也不能說什麼，就把押金退給他們讓他們搬走。」

情況跟于哥說得差不多，我心想這屋主也不錯，沒有為難其他租客，不過也是啦，畢竟那個死亡幾天的屍臭味還是會讓很多人受不了，也加上那樣的死亡方式。

我突然想到于哥跟我說的話，就是關於房子有一些靈異現象，我便好奇問了一下屋主情況。

屋主嘆了口氣說了整個過程，我從沒想過這樣子的事情在現實中是會發生的。

以下是屋主跟我說的：

「其實本來出事之後有剩下四間租客其中有三間想退租而已，只有最後一間房客，是一個男的，他是住在出事那一間的斜對面，那時候我也問過他，不過他說他不在意，原因是他說他不做虧心事，半夜不怕鬼敲門。我當初想說好吧，尊重他的意見，直到遺體搬走後的三天還是四天吧，最後一個租客竟然是連夜撤走，不騙你，是連夜用跑的，東西都沒拿就跑走了。直到後來我問了房客是怎麼回事時，才了解到什麼不做虧心事，不怕鬼敲門，說這話的根本放屁……」

屋主苦笑了一下接著說：

「跟你說，那個租客跟我說了一件事，老實說雖然我自己大概心裡也有底，但說不怕是騙人的。我那天連絡到租客，他跟我說其實事情發生後，也就是那個女生自殺的那天開始，在我們破門發現屍體前，他說幾乎每天晚上都會聽到對面的女生在哭，一開始他也不知道對門的女生其實已經上吊死了，就單純想說可能是傷心難過在哭，因為其他房間都有住客，所以他也沒多想。直到那女生死的幾天後，屍體開始有味道出來時，租客們都聞到味道紛紛聯繫我叫我報警處理，才曉得那女生死了好幾天了。其他的住戶有些是因為屍臭味太臭受不了搬離，有些是因為……他們都有聽到那個女孩子在房間哭的聲音，重點是……在她死後的幾天仍陸續有聽到……」

「哇靠，意思就是……她已經死了，但是一直到別人發現她的狀況之前，其他租客晚上都有聽到她在哭就是了。」我很驚訝的說道。

屋主接著說：「聽到她哭那是一回事，最後的男生租客跟我說了一件事，我才覺得可能沒那麼簡單處理了。」

屋主將那個男租客跟他說的情況講給我聽，我直接把內容打成文字記錄。

租客說：「房東先生，我搬走前有一件事跟您說……在那位小姐被發現後其實也就沒聽到她在哭了，但就在屍體搬走的幾天後，有天晚上我一個人在房間躺在床上滑手機，大概晚上兩點多的時候，突然聽見有人敲我房門，扣、扣的，我那個時候想說時間這麼晚了誰敲我房門，本來要開門時突然想到……我們這戶裡面的幾個租客都搬走了，只剩下我一個人在這住了。於是我就問是誰，可是門外沒有人回應，只是聽見門又傳來敲門的扣、扣兩聲，我又再問了一次『誰呀？』可一樣沒有人說話，我就不爽了，當下口氣很不好地說：『誰呀？是不會說話是不是啊？』問完後一樣沒有回應，大概沉默幾秒後又傳來敲門聲，只是這次敲的很慢，只聽見兩聲扣……扣……

接著……

門外面的人像瘋了一樣，用非常急促的方式用力地敲打我的門，碰、碰、碰、

碰、碰、碰的連續拍門聲，讓我整個嚇了一跳往後退了幾步，接著我立刻打給我兩個朋友叫他們趕緊開車過來找我，並且跟他們講外面有人敲我房門問誰又不說話，現在又很用力地在拍門，我朋友聽到後就趕緊過來了。我還要朋友到時不論門外是誰……要是人來亂的話就問清楚是怎麼回事。

大約半小時後，我朋友打電話給我說他們到了，而且帶了球棒上來在外面的大門，我跟他們說了門的密碼，可以從房門聽見外面大門的開門聲，接著就聽到他們敲門叫我，確定是他們後才開門，朋友看到我嚇得臉色蒼白，問怎麼回事，我先是問他們：『你們來的時候其他房間有人或是看到別人嗎？』

他們說：『沒啊，外面門開了就直接來你房間找你啊！』因為他們知道我對面那戶有發生事情，所以也有聽說過一些傳聞。

我跟他們說：『等我一下我拿些東西，今天先去你們家待一晚，明天再來搬東西吧。』

在我們離開我那間套房經過那間出事的房間，快到大門的時候，我跟我朋友都聽見了那間房間傳來了一個女孩子的哭聲……這個聲音再熟悉不過了……

就是那個死去女孩子的哭聲！

當下我們真的是用跑的趕緊離開，而且說真的……我東西都還沒搬呢……」

聽完了屋主轉述租客這些話，我還有點沒有反應過來。大概跟屋主進一步了解關於房子的買賣部分以及希望的價格，屋主說等後面清潔完後，他還想找法師做個法事超渡一下。當然這個清潔跟法事部分就是于哥的業務範疇了，對了，于哥他除了是清潔師還是一名法師。

離開後于哥有跟我說關於案件的細節，他告訴我的事情大概……聽完頭皮會發麻吧，他說：「我跟你說一些事情，就是關於現場的情況，因為你還沒上去看過，現在裡面有味道。我上次來有先看現場跟估價，所以知道死者是因為感情因素自殺，遺書裡面寫著說到後面才知道自己是小三，被男的騙財騙失身，又還只是小三，因此含恨在心，決定穿紅色的蕾絲睡衣跟紅色的高跟鞋上吊，而且我在現場有看那個梳妝台鏡子上用口紅寫了一段話，上面寫著：

『劉××，今生我白癡被你騙，做鬼都不會放過你的！』

寫著這樣的話，這是我場勘時看到的，那時候大體已經移走了。」

痾……我心想這種事情在現實中還真的有啊……

記得大約過了一個多月吧，至於為什麼這麼久，好像是因為屋主對於清潔部分以及後續處理有些想法，我打電話問了一下于哥房子的情況，于哥跟我說那間房子屋主後來沒有請他去清潔，我就好奇問為什麼？

于哥說：「那個屋主為了省那個清潔費，就找了一家便宜的清潔公司去做，可你也知道這種……屍臭味如果沒有專門的機器跟清潔藥劑是很難弄乾淨的，最重要的是當初屋主想找法師時，我也有介紹一些厲害的法師給他，結果好像因為價格太貴的關係屋主自己去找了一個道士去作法，只是有沒有用就不知道了。」

我問于哥說：「那像這種情況的，你認識的法師他們怎麼說？」

「我問過兩三個吧，有的說不好辦，有的說可以辦但是很棘手，弄不好會被抓交替。」于哥說。

「我×，真的假的？」我說。

後來我有向于哥打聽那間房子的門牌，然後自己走一趟，說實話才到那個房子門口而已，那時候是十月，天氣還有點熱，但仍然可以感覺房子散發出來那種很陰涼的氣息，還有熟悉的壓迫感，我的第六感告訴我，她仍在房子裡面遊蕩。

後來我回去有問一位師姐關於那個死者的行為，因為在我印象中有些自殺的人會一直待在原地，或是說待在那個空間裡面，但是為什麼她能夠走出她死亡的那個房間去敲別人的門呢？

聽認識的師姐說法是說：「她怨念夠大，你說她是穿紅衣紅鞋上吊的，怨念足夠大到她不太受空間限制了，至於她能出門去敲門是因為她在找……」

「找什麼？」我問道。

「找那個男的，因為她想要報復，所以就去敲其他人的門要找那個男的。」師姐說。

「草！那要是那個時候那個男的開門的話那不就……」我做了一個上吊的動

作。

「對！就被抓去了。」師姐說。

之後有一次跟于哥聊天時，他跟我說：「那一戶樓下搬走了。」

我問：「為啥？」

「因為聽說……樓下常聽到樓上有好像摔東西的聲音，還有拖東西的聲音，但是樓上那一戶目前沒人住了。」于哥說。

我聽完還是那一句「我×」。

因為這個案子從一開始于哥跟我說後，我就報給幾個投資客，他們都表示很有意願想要買，無奈就是現在屋主的態度是要賣不賣的，以及可能也不甘心賠錢賣吧，所以投資客三不五時都有問我情況如何？包括我其中一個叫阿展的朋友，他也有興趣想買，我說你不怕嗎？他跟我說會請師姐去溝通看看的，看她需要什麼，交換一下條件。

我問阿展說：「如果能溝通的話呢？」

「那就買啊！」阿展爽快地說。

「那要是不能呢？」我問。

「喔……那再便宜我都不買！」阿展說。

「乾……俗辣！」聽完忍不住嗆他兩句，前面講的還真是乾脆，後面不能溝通就不敢了。

其實有的朋友跟我說這個案件情況比較特別，能不碰就別碰這個案件吧，雖然對我來說就只是一間房子的買賣而已。後來是被一個女生朋友威脅我，說其他凶宅就算了，只有這間，要是我敢再去接這個案子就不准去找她，她也不會再理我，因為她說她能明白那個女孩在這段感情遭遇的背叛和傷害。

我心裡想著：「其實……我也能明白體會。」

基於對她某些心態我只能妥協了……

至於後面這間房子如何，聽于哥說那個屋主好像又把房子租給了別人，只是有件事情不論是于哥的法師朋友也好，還是我認識的師姐也好，都有個共同的說法就是，如果……這個死者的怨氣沒有超渡好或是沒有辦好，後面一定會有抓交替的情況出現。

那個……有人想買便宜的房子嗎？便宜的凶宅喔！

詭縊

我是鬼仲介——水鏡，今天讓我跟你們說個故事吧，這是一個在夜晚我想起時，都還沒想明白的事件，如果可以的話，在你們看完這個故事的時候，幫我想想真相是什麼吧。

多數人是不願意碰觸凶宅買賣，尤其是仲介，只有部分心理有準備或是真的不信邪的人才會去接觸，而在凶宅中大概上吊的會比較兇一點，上吊死的人古時候稱之為「縊死」。

關於凶宅，其實這樣的事故物件很好賣，只要價格夠低，就一定有這產品的市場在，而且也有專門買這類事故物件的投資客，以此發財。

來吧，希望這個故事你們會喜歡。

＊＊＊＊＊

自第一本書出版後，很多的讀者或是一些有看到我受訪節目的人，他們會透過搜尋的方式找到我，詢問關於凶宅的問題。老實說這書裡面我寫了很多不可告人的黑暗面，不過主要是讓大家知道為什麼凶宅還是會有人去買賣。

今天要說的故事是在台中北屯區的一間新屋，屋齡很新，是一個不錯的社區。

記得有天晚上，我接到了一個電話，一名男子來電向我詢問關於凶宅的事情，洽談中他問：「如果凶宅要賣的話，多久之內可以賣掉？」

我那時候心想應該是那個屋主手上的房子發生什麼事故吧？

我告訴他說：「你如果要賣的話，原則上價格一定是很低的，畢竟是有發生事故的房子，至於多久的話……對我來說很快，也許不用幾天就可以找到買主接手了。」

電話裡那位男子在聽完我說的話後，也沒多說什麼。

「嗯……我知道了，那我這兩天有空跟你約時間碰面一下，因為這是我的房子，那詳細情況到時候見面再跟你詳談吧。」男子說。

就這樣子，起初我本以為只是一般的詢問，不過聽起來似乎有什麼故事在裡面，我想就抱著好奇心等待一下吧，也沒特別去追蹤這客戶，不知道為什麼就是覺得他一定會在這兩天再跟我聯絡。

隔天的下午，屋主的電話就來了。

「不好意思，文先生！如果說今天晚上方便的話，可以跟你約在外面喝杯咖啡，順便聊一下我那房子的事情。」

「行，沒問題！那我們就到時候見吧。」我說。

確認過時間跟地點後，我想等到晚上就可以了解這次的委託是什麼案件了！

我們約在麥當勞碰面，來的時候他還帶了三個朋友來，不過這倒不影響我什麼，只是心裡好奇怎麼賣個房子要這麼多人啊？難道這房子是他們一起合夥投資的不成？

「算了，想這麼多做什麼呢？不如直接問最快。」我心裡想著。

坐下後，向屋主及他的朋友遞上了我的名片，簡單地自我介紹，閒聊間知道屋主姓楊，他說他是看到了新聞跟一些臉書上的凶宅資訊才找到我的。

我心想既然你是搜尋谷歌來的，那我就可以直接問了：「那個……大哥，不如我們直接講房子的情況吧！我剛好了解一下發生什麼事。」

「嗯……好吧！我也不知道怎麼說，因為是第一次遇到這種事情，完全不知道怎麼辦，到現在我還是完全沒有概念，剛好上網搜尋相關的資訊時都有你的名字跟介紹，所以我就想說抱著試試看的心態來跟你做個詢問，看能不能給我點意見。」屋主說。

我點點頭，告訴屋主說：「沒問題，如果我幫得上忙的話……」

屋主點了根菸後，看著他很無奈跟疲憊的表情說了這個房子在兩天前發生的事情……

「是這樣子，因為我這房子是跟我朋友那時候預售屋換約時，我跟他買下來的，想說放著收租，等之後那個地方發展起來後再賣。一開始是透過一家仲介去幫我找租客，本來一開始都還好，租客也都正常，沒什麼問題，但就在兩天前……租客在裡面自殺了！」

聽到這裡我心裡有底了，原來是租客在房子裡面輕生，跟我猜測的差不多。

屋主喝了口飲料繼續說：「不過……嚴格來說那個也不算是租客，應該說是租客他朋友，在裡面自殺了。」

我聽完有點疑惑，租客的朋友在裡面自殺了，什麼情況啊？

「那個我不太懂，是租客的朋友在裡面輕生了？不是跟你租房子的租客本身？」我問。

「是啊！所以我也不知道怎麼辦，現在警察跟檢察官在調查，我因為是屋主只能配合調查。」屋主說。

「嗯……我可以問一下他是怎麼死的嗎？」我問了一下屋主。

「上吊。」

「臥槽！上吊？」雖然已有心理準備，但我仍忍不住倒吸一口氣。

「是的……」屋主臉色慘白地說。

我心裡想說這個問題可大了，畢竟人死有口氣要吐出來，但只有上吊的人，那口氣是被勒住的。人會選擇輕生自殺，多半是心中積累了很多的不甘、遺憾、悲傷或是怨恨，死後那口氣沒吐出來，很容易讓這強大的執念化為厲鬼，流連人間。

不過剛剛屋主說到死的不是租客，是租客朋友這部分我有點沒想明白，就問屋主說：「我能了解一下詳細是什麼情況嗎？我還有點不太明白你的意思。」說真的這屋主這樣子說，我還真沒什麼概念。

「我想想要怎麼跟你說……」屋主思索著。

我看著屋主那種鬱悶的樣子，有種說不上來的感覺。

「應該這麼說啦，之前我請房仲找租客時，那時候簽約前都有確認租客的身分，背景還有居住人口，當時說是單純的家庭，有女兒會一起住，我想說應該就是正常家庭，也沒想多。後來才知道他女兒沒住在一起，一個月兩萬多的租金，實際住的就他自己一個人，他女兒是偶爾會來看一下，不過不住這邊。之後我有聽租客說因為他自己住，剛好那時候他朋友比較低潮，所以想找他朋友一起住，幫忙分擔一下房子的租金，一起住也有個照應，然後聽租客有提及他那個朋友好像本身身體是不太好，結果哪知道他朋友竟然選擇用上吊的方式自殺了……」屋主說得很無奈，我完全能夠理解，畢竟他也是受害者。

我用手機查出這個社區的一些平面圖資料，找到他房子的棟別跟格局，那是一間三房二衛浴的格局，透過手機我問屋主說：「請問他在哪個房間死的，位置大概靠哪裡？」

屋主看著手機裡的平面圖指出了房間的位置，告訴我說：「他在這個房間上吊死的……」

我接著問：「那大概的位置在哪邊？」

「窗簾桿……」屋主說了那個死者上吊的地方。

「窗簾桿?!」聽到是吊死在窗簾桿的位置，說真的我還滿驚訝的。

「沒錯，就是窗簾桿！就我們房間窗簾的那個橫桿上面！」屋主邊說的時候邊比畫了一下。

「不過……那個窗簾桿吊在那邊，窗簾桿也挺堅固的。」我說。

屋主聽完我的話後又說了一件滿勁爆的事，他說：「你知道嗎？那個死者他的身高比你還高，體重可能比你還要重。」

聽到屋主對死者的體態形容，我整個傻住了，因為那個時候的我身高是一八一公分，體重是一百一十四公斤，要是說到能比我高比我壯的話……那得是什麼樣的壯漢啊！

我聽完的第一個反應是跟屋主說：「臥槽……我說大哥，你是找哪家窗簾公司的師傅呀？窗簾桿也做得太堅固了吧！品質也太好了吧！可不可以介紹一下，以後我做窗簾一定找他。」

屋主聽完也笑笑的回說：「呵呵……我當初一開始的反應跟你是一樣的，完全想不懂，為什麼那個窗簾桿能吊住人！我很佩服那個做窗簾的裝潢師傅，也不知道這窗簾桿是做得這麼牢固啊！」

各位你們要知道，現在抬頭看一下你房間玻璃窗上的窗簾橫桿，別說吊著比我還重的人，就是一個女生體重四、五十公斤吊在上面，那個窗簾桿都不一定撐得住那樣的重量，還不會彎或是斷掉，更別說是我這種重量級的身形，所以我覺得你們要佩服那個窗簾師傅的專業，真的。

我問屋主說：「那……大哥你有什麼想法沒有？」

「我也沒什麼想法，不知道怎麼辦，想說來問一下看看你這邊能否給我點意見，當初買這房子也是因為看好這邊的發展所以想說放個幾年後賣，看能不能賺點錢，現在這情況我是想處理掉，所以來問問你。」屋主說。

屋主的心態其實我可以體會，有些人會不想要持有出過事情的房子，主要會覺得不吉利，甚至認為我好好的房子租給人家結果租客在裡面自殺輕生，自己運勢差很倒楣，諸事不順之類的，就會想趕緊脫手，即使是心有不甘得賠錢賣，還是寧願認賠脫手。

我跟屋主說：「這樣吧，因為這畢竟是已經發生事故的房子了，我就直接說了，如果要賣因為你是新房子加上這事情才發生兩天還沒有人知道，要是等到有人知道了……我想你也很難處理了，但是如果要賣的話，勢必一定是賠錢賣的，新屋跟老房子比較不同的是，你才買沒多久，賠的話以三成自備款來說，可能會賠到一半，不過也慶幸你不是老房子，不然就直接打五到六折賣了。當然你也可選擇繼續出租，租個幾年直到後面看看房價有沒有漲起來，賣的時候看能否賠得比較少這樣子。」我將自己的想法跟屋主說。

「是喔……要賠到這麼多……那出租的話要跟下一個租客說房子是凶宅的事情嗎？」屋主問。

「嗯……原則上如果你是委託仲介租的話，仲介基於職業道德我一定要講，當然如果是您自己租的話，您可以選擇不說，就照之前正常的房子去出租這樣子，租金可以便宜一點點沒關係。若日後要賣的話，關於凶宅部分是一定要告知買方的，但出售時您可以說之前的租客住裡面都沒有事情很正常，剛好順便漂白一下。再不然……您也可以直接將房子法拍，然後屋況上面不要說是凶宅，找人去標回來，這樣子就是法院認證的合法住宅了，當然就是會影響到信用部分就是了。」說真的，我雖然知道教這些有點走偏門，不過我真是要幫屋主想想辦法出點主意。

雖然說我給了他一些意見跟想法，不過看得出來其實他對於賠售似乎很是不甘跟無奈，但是對於這樣子的房子卻並不想留，在他想了一下，旁邊的朋友也跟他說：「如果不想留就賣吧，不然到時候影響自己的運勢也不好，看看文先生有沒有辦法幫你解決這個問題。」

「那文先生，這個要賣會很久嗎？你大概會找什麼樣的客戶會買這種東西？」屋主問。

「這個的話給我幾天時間就可以了，我問一些以前配合的投資客吧，這個要賣的話不用太久，幾天就夠了！」我想了一下，如果按照屋主告訴我的事發日期到今天剛好是第三天，快的話死者頭七前一定要解決。

屋主想了想說：「好吧……那就拜託你幫忙了，這房子我不想留了……」

「好的，那我可以跟你確認一下正確的地址跟樓層嗎？」我問。

在跟屋主確認過正確的門牌跟樓層後，我看了一下社區的名字，算那邊不錯的社區，加上事發至今只有三天，消息未走漏，不難處理，便請屋主給我幾天時間就夠了，我跟屋主將出售屋的售屋委託書簽好後，也特別告訴他在房屋屋況說明書部分標註了房屋有非自然身故事件發生，也簽上了名，原因我則寫上了「縊首」。

屋主看到我這樣子寫後問說：「什麼是縊首啊？」

我笑了笑對他說：「古時候，人們對於上吊的死法方式稱之為『縊首』所以我想這樣子寫比較不會嚇到別人。」

屋主也笑說長知識了，接著屋主從包裡拿了一紙袋出來說：「對了，這個是房子的感應卡，社區進出都靠這個，先交給你了，那……你會過去看房子嗎？」屋主疑惑的問我這個問題。

「我一定會去看房子，畢竟我得知道裡面長怎麼樣吧，有無漏水之類的事情啊！我先找客人吧，這兩天我會過去房子那邊。」我回道。

屋主又問：「不過你找的客戶他們也會去看嗎？」

「不一定啊，我這麼說吧，有些投資客買這種事故物件，他們只在意價格如何，可能買了房子簽完約到交屋，他們從沒踏進房子裡面半步過，唯一會進去的就只有我而已，所以只能透過我去了解房子內部情況，那群人要說不怕也不可能啦，不過也只有他們會買這樣子的事故屋。」我笑笑的回屋主。

向屋主道別後，走沒幾步，我突然想到一件事，回過頭跟屋主說：「對了！楊大哥，後來那個房間的窗簾桿您有拆了嗎？」

屋主聽我問他的問題說：「已經拆了，在那天警察來拍照後我就整個窗簾跟橫桿都拆了，不然那留著不吉利吧。」

「嗯……了解，楊大哥，那可以的話再做一件事情吧！」我說。

「什麼事？」屋主問。

「因為租客死亡至今天只有三天，方便的話您明天有空的時候，去房子將裡面所有的燈全部打開，包括廁所、廚房、後陽台這些地方，整個房子的燈都打開，連續打開不能關要維持一個月。」我說。

屋主聽完後很好奇的問說：「為什麼啊？」

「因為房客是自殺死的，加上他是上吊死的，死後有口氣沒吐出來。之所以要把燈全開不能關是要營造房子裡面很熱鬧，張燈結綵的感覺，像有活人在一樣，如果太陰暗的話……我怕會助長一些不好的磁場，所以幫忙一下您有空就去把燈全開了，開一個月不能關，拜託了。」我誠懇說道。

屋主點點說他知道了，明天早上會過去處理。

回去後我將這個房子的訊息發給了兩個人，其中一個是我的朋友老張，要說老張這個人的人脈也廣，想說問他有沒有客人要，讓他賺一點，雖然說他也是怪人一個，不過關於離奇事情他的經驗也是不少……

在我跟老張說完這房子訊息後，才十分鐘他就打了電話來說：「欸，那間房子我買好了啦，就不用再問別人了。」

聽到老張這樣子說我整個超震驚的，我還沒反應過來問他說：「你說什麼？你確定你要買那間房子？不是……你知不知道那個凶宅的原因是上吊欸。」

老張說：「知道啦，我跟你說真的啦，我要買啦！不要再叫別人了！」

「臥槽，你有種，我欣賞你！那你準備一下吧，我回覆屋主訊息，不過你買來之後打算怎麼做？」我問。

「拿來住啊！」老張說。

聽完老張的回答，我打心裡佩服他的勇氣，不過……我才不相信他會拿來自住哩！騙鬼喔。

當天我打了通電話給屋主告訴他說：「楊大哥，你的房子我找好買主了！我想這兩天有空的時間再請給我一下，我來安排你們見面簽約吧。」

「對了，你晚上方便嗎？方便碰個面再聊一下。」屋主說。

「可以啊，剛好順便告訴您一些該準備的事宜。」我說。

到了晚上，一樣的時間一樣的地點，這次就只有屋主自己來了，打個招呼問候一下後開始跟屋主告知有買主願意購買他的房子。

「想不到你動作這麼快，我這兩天因為租客的事情比較煩惱，老實說也沒什麼睡，那個往生者的家屬有來房子這邊招魂，警察跟檢察官也來房子看了幾次，這次我有問檢察官關於租客跟死者的事情，檢察官是說有點疑惑……」屋主說。

「疑惑？怎麼說？」我問。

檢察官對這起案件進行了調查，以確定死者是否自殺或存在其他因素。在我與檢察官的交流中，我得知他們向我以前的租客詢問了很詳細的問題，涵蓋了他們的日常活動，比如早餐吃什麼、什麼時候下班回家，以及其他活動。我對承辦的警員詢問如此詳細的時間表感到好奇，後來他告訴我這是因為有些關於死者的情況令人感到疑惑。

屋主告訴我說：「警察說死者死亡時間應該是在中午到下午的時候，因為我那個租客聲稱他是五點下班，回到家差不多五點半左右。當他回家時就已發現他朋友上吊死亡，但卻直到晚上十點多這名租客才打電話到樓下管理室請警衛報警叫救護車。最讓警察他們感到困惑的是，監視器確實拍到租客在五點半左右回到家，但為什麼十點多才報警呢，重點還不是直接打電話叫救護車或是報警，而是聯絡管理室。雖然檢察官那天查驗現場是有發現死者的遺書，但他們對於為什麼沒有立即報警或叫救護車而感到困惑。」

我心想是啊，為什麼呢？

「那租客他怎麼說啊？」我問。

「租客是說他當下看到有趕快把他朋友放下來，做緊急急救，也有做 CPR，當然目前檢察官查驗是沒看到有其他外來因素，所以認定死者是自殺，檢察官問話時有問租客說：「你都不怕嗎？」

租客回說：「那是我自己的朋友，為什麼要怕？」

因為一般來說，每個人都會怕，不可能不會害怕，後來聽租客說他以前是當憲兵的，看過很多像是軍中拿槍自殺的更為驚悚的畫面，算是經歷過大風大浪所以比較鎮定，當然這是租客自己說的。

「所以……楊大哥你的意思是有可能會是他殺嗎？」我問。

「不知道……不過因為警察跟我說主要是他的那一段時間，是空白的，而且搭不起來，五點半他已經到家了，發現到自己朋友死了為什麼沒有馬上報警或是叫救護車，而是一直到了十點多才通知樓下警衛室，當然他本人是說在對他朋友做急救，外加旁邊有發現死者寫的遺書，所以也只能先當自殺案處理。」

聽完屋主講的這一段話，我也覺得不可思議，畢竟如果今天是我自己的朋友死在房裡，我一定會拉他下來，然後馬上叫救護車，但這個租客連報警都沒有，也難怪會被人懷疑這四個小時的時間為何交代不清。

「楊大哥，那個您準備一下吧，後天會給您一個時間，到時候再請您跟買主碰個面吧，也會將需要準備的東西與資料告訴您，屆時請您備好過來即可。」我說。

說完，送屋主離開後，我在回去的路上一直想，那四個小時租客到底在做什麼呢？為何不叫救護車也不報警？

隔天一早，因為要確認屋況，所以我就趁白天的時間去了這個房子順便拍照，到了房子開門後，其實說真的跟一般房子沒什麼兩樣，如果不說有出過事情，可能會被當成一般的普通房子看而已，房子裡繞了一圈，該注意的部分看一下，最後就是那間發生事故的房間了……

房間不大，可以看見屋主已經把窗簾跟窗簾橫桿都拆掉了，我站在玻璃窗前往外看，可以看見還不錯的視野，只是站的這個位置，我腦海中有個畫面就是當時那個死者如果吊死在這，那我現在就跟他是貼身面對面的距離的面對他了。

我開始在房間裡開始構思了一段畫面，以第三者的角度想著那時候的畫面是怎麼樣的情況，在租客回來發現自己朋友上吊死了，把他放下來，開始對死者做急救措施，但……急救措施之後呢？那段四個小時的空白時間，我構思不出那個畫面，不知道你在幹嘛？

為什麼你不叫救護車？

為什麼你不報警？

為什麼你會先打給管理室？

也許真的像你所說，你經歷過很多大風大浪看多了，面對自己朋友的死亡並沒有什麼恐懼！

也許死者真的是自殺死的，因為有留下遺書……

也許……嗯……算了！

在我轉身離開房間時，有個想法跑出來……

腦中開始構思出那個情景，想到一個可能，看著窗戶的位置不自覺說了出來……

「除非……你一開始就知道他早就已經死了，自然是連救護車報警都不用了，而這四個小時你只是在想接下來該怎麼辦吧！想隱藏什麼嗎？又或者……你正在看著他死亡呢？」不過不太可能看著他死亡，因為法醫驗屍結果死者中午左右就已經死亡了……

算了……都已經過去了，對我來說目的只是解決屋主的麻煩而已，最後的真相是什麼就不知道了。

柯南說過：「真相永遠只有一個。」但是我不知道是哪一個。

屋主說真的，他其實對於房子賠售很介意，但又不知道怎麼辦，想跟租客求償，但又不是租客的問題；跟家屬求償嗎？看到家屬辦理死者的喪事都是公家的集合式靈堂也不知道怎麼開口，後來還是跟家屬講了一下，家屬意思意思地補貼了屋主十萬元，因為家屬也是經濟弱勢的一方，屋主也只是說：「遇到了，就這樣子了，不然怎麼辦……」

至於老張買走房子後，怎麼處理就是他的事情了，而我的任務就告一個段落了，只是這傢伙，我相信他不會拿去自住的。

故事就到這兒了，你們覺得那段空白的四個小時，這期間裡到底發生什麼事了呢？

知道的話，可以告訴我真相是什麼嗎？

我是鬼仲介水鏡，下次見。

有人想買便宜的房子嗎？便宜的凶宅唷！

這些年很多人患有的一種疾病

近年來，許多人都受到某種疾病的折磨，這種疾病常常使他們難以承受，甚至有些人因此選擇走上了自殺的路。「憂鬱症」是我常聽到有人自殺時提到的原因之一，而這已被廣泛承認為一種精神上的疾病。

我來分享一個故事，是關於這個疾病對一個人的影響，可以說是非常痛苦的一種體驗。

＊＊＊＊＊

前陣子遇到了以前的同事，或許剛好是一個機緣，彼此合作成交了一個案件。

這個案件是一個在台中北區中醫商圈這邊的一個集合式住宅，整棟都是套房，住戶幾乎都是學生、附近的上班族或是醫院的護士跟行政人員。

看屋的那個月，那個日子，我記得還是農曆七月的時候，鬼月發生的事情……

我這同事叫小杜，也算是一個辛苦的人，對他印象總是很熱心也很熱情，可是不一樣的是這樣的熱情外表下卻是很多煩惱跟憂鬱的心理問題。小杜他是個單親爸爸，跟老婆離婚後就一個人住，小朋友跟著老婆，他則偶爾跟小孩一起吃飯相處。

小杜他的店老闆跟我算是認識很久了，那一天我北上錄完節目要回台中，在高鐵上，剛好刷手機看到小杜在網路上賣一間凶宅，我跟他說我來幫你找個客人買吧，小杜當然是好的，但由於是不同店的合作，因此還要知會他們的老闆。

我跟他店長溝通完後，沒什麼問題就叫小杜可以先把案件的訊息關閉，在通話期間我就想好要問哪個客戶了，因為這個案件我其實大概知道哪幾個客戶會要，有趣的是就在我掛掉電話沒多久，一通來電打了進來，我看了一下是玲姊的電話，要說巧合嗎？因為她剛好看到這個案件，所以想問我能不能買？大概多少錢可以接手？

我大概分析了一下社區的情況以實價登錄來評估，社區這種小豪宅套房，正常情況是三百八十萬到四百萬都有，雖說是凶宅，但目前屋主要的價格比預期能買到的價格高一點點，屋主還需要再議價一下下就行了，我建議大約在兩百五十到兩百六十萬就可以接手下來了。

玲姊本身也是投資房地產的，對社區做了一些功課，包括社區租金的金額都做過評估後說：「那就這樣子，套房投報還算高，先出兩百五十萬，反正最高不超過兩百六十萬就是了，我下個斡旋就請你幫忙處理一下。」

「行吧！晚點給你回覆。」我說。

掛了電話後，我在高鐵上看著手機，心想，可能這也是緣分吧，因為是妳自己找來了，這房子的緣分就給妳了。

我給小杜打了通電話跟他說可以安排一下跟屋主碰面洽談的時間，在這之前我先去現場看一下房子，順便了解屋況。

老實說，在我印象中以前和小杜是同事的時候，他是個很熱情的人，也是一個滿較真的人，隨著時間的推移，透過認識的朋友知道他這幾年經歷很多的事情，到後面我才了解到他可能也有自己的壓力帶來的問題，並且還影響了心理。

這個社區在台中北區靠近中國醫跟一中商圈，整棟都是集合式住宅，都是套房，社區居住的居民都是上班族跟學生居多，或是醫護人員。

下午跟小杜約在社區的門口等，我記得上一次看到小杜是將近十年前了，那時候還是一起工作的同事，這麼多年後再次見到他，真切地感受到生活所帶來的沉重負擔和心理疲憊，他的容貌盡是被壓力摧殘的痕跡，顯得非常憔悴。

「十年不見了，小杜！」我笑著跟他打招呼。

十年……用說得很輕鬆，可這十年我自己也經歷了很多事情，回想起來才意識到自己幹這行已經十幾年了。

「欸！好久不見了，還好嘛？」小杜還是一樣笑笑的，不過也只有我們知道他的笑容更像是張面具戴在臉上……

小杜跟櫃台打個招呼後，隨後上樓，電梯裡我問了小杜一些情況跟屋主想要的價格，小杜說：「這房子當時是我幫屋主找的租客，出了事情後我也是不知道怎麼辦……」

我聽完後說：「這租客你找的……事發後屋主沒罵爆你啊!?」

「沒有……屋主他們是一對老夫妻，人還不錯，雖然覺得自己有被影響到，但因為他們是信耶穌的，就說都是上天的安排……遇到解決問題就是了。」

我看著電梯的樓層，問小杜說：「死者是什麼方式走的？男女？大約年齡？」

「死者是一個女的，我記得好像三十多歲，她……用上吊的方式走的。」小杜把當時的情況說了一下。

他說：「因為我當時租給她，後來有聽說她的媽媽過世，而她父親在她很小時候就走了，剩一個姐姐跟媽媽，現在媽媽也走了，可能受不了打擊，加上她有一點憂鬱症結果想不開就輕生了。」

我心想……上吊走的，又剛發生沒多久……希望這過程能一切順利……

出了電梯往房子的方向走去，因為整個社區都是套房，一層其實很多戶，我跟小杜說：「好的，我知道了……」

到了房門口等小杜開門時，或許是害怕也可能是基於尊敬，小杜先是敲敲門的說聲「不好意思打擾了。」一開門後進去，因為套房不大所以很快就確認好屋況，但是一進門我便聞到了熟悉的味道……

沒錯！一股淡淡的屍臭味跟發霉味道，而且還有些許沉悶的壓迫感，雖然不是很明顯，不過我感覺人應該還在……

我轉頭問小杜說：「小杜……這個屍體當時多久才被發現？」

小杜想了一下說：「好像大約四，五天，是租客她男朋友找了好幾天都沒接電話，因為男朋友知道她媽媽過世，打擊很大，加上女生有憂鬱症，後來有將近幾天沒找到人，電話也不接，在擔心的情況下，就跑來房子這兒找，男生說一開門……就看見自己女朋友吊死在房裡了，男的說那一瞬間他也整個茫掉了，要哭，卻哭不出來……」

房子格局就套房，挑高了一些，小杜說：「那個往生者吊在這個樓梯這邊……另外跟你說一下，因為屋主信教的，沒有處理，所以買方可能要自己去處理。」

我看了一下屋況沒啥大問題，小杜跟我說他當時給我的照片其實有一張很特別，感覺像是拍到了什麼，我叫他發給我。

當下我點開看後，沒發現什麼，小杜指了指照片的牆方向，有個小模糊的樣子，小杜問我說：「像不像一個人臉……」

一開始看還好，覺得就是有點模糊，後來我想到一個方法，調整了照片的模式，像是光影，曝光，以及亮度色差。重新調整後，這一次就清楚了，也因為這清楚的照片，我跟小杜看完倒吸了一口氣……

照片中調整過的照片，很明顯就是一張人臉，雖然不是很清晰，但就是一個長髮女人的臉。小杜在拍照，那張臉就看著相機，彷彿是在看小杜當時在幹嘛，因為照片中我們看見死者盯著鏡頭看著……

我跟小杜戶看一眼後，我就示意他好了，可以離開了。

下樓時小杜又再提醒的說：「你可能真的要叫買方處理一下……」

我跟他說知道了，我會提醒買方。

出了社區在外面聊了一些細節，小杜跟我說：「死者的姊姊說希望可以請法師幫忙引魂回台北，如買方買下來的話，請給一個時間讓她來辦個法會，因為姊姊說夢到妹妹一個人在外面遊蕩，喊著想回家……，我也有看那個照片，跟她說妹妹還在這裡沒走阿，所以這部份你看能不能跟買方講一下，因為她們姊妹很辛苦，妹妹男友也希望能夠把妹妹魂魄帶回家。」

我想了一下跟小杜說：「小杜……這我沒辦法決定，因為買的人不是我，可以幫你溝通，但畢竟屋主不信這個，買方買了又不希望大張旗鼓的話，那我也沒辦法，終究是買的人才能決定，而且現在又正值鬼月，近期怕是很難找到法師來處理。」

後來我又想到什麼跟小杜說：「小杜……幫我一個忙，這個案件就是買賣房子，雖然是凶宅，我們的工作是仲介，這過程要順利我希望你就不要對死者或是死者家屬有任何『共情想法』，我懂人都有惻隱之心，但是我就過往經驗，告訴你千萬不要，這就跟你去墳場看到年輕女生的墓碑然後說了一句『好年輕就死了，真可惜。』這樣子的話是一樣的，要不然我們整個案件會很不順，我說真的……」

小杜回了我說好。

離開社區後我跟玲姊說了這件事情，就是死者家屬希望能夠去招魂，玲姊想了一下說：「是可以，但不能有那種聲音的，還有敲那個叮叮噹噹的動作，不然會太招搖，畢竟一層戶數太多，難免多少有鄰居知道，我想要低調一點。如果能是可以，反正她們不做，我也是要請認識的老師去處理。」

當天晚上就約了屋主出來簽約，簽約過程中除了一些細節溝通外，原則上都還挺順利的，就是中途跟屋主說了買方想要做一個法會來超渡死者，因為是在成交到交屋前的過戶期間，考慮到屋主本身是信耶穌的，想說提前知會一聲比較禮貌，幸好他們夫妻說沒關係，還客氣地說因為他們夫妻不懂這個，有需要我們買方做沒關係。

不過也是因為這樣子，不知道是小杜沒明白買方的意思還是他沒記住我跟他說的話。幾天後小杜打電話來說，他有跟死者的姊姊說可以請法師來招魂，問我們有沒有認識的，大概費用多少錢。

我說：「小杜，這個老師家屬自己要找，沒有的話因為買方的老師也有在辦這個法事，要不要就是她去問一下如果是請回北部老家要多少錢，因為現在法事的錢是買方出，若姊姊要另外引魂回台北，就請她跟老師聯絡看這費用多少，其他我們不過問，請幫忙轉達。」

這過程中小杜又一直向我說那個死者姊姊她很可憐，說做夢夢到妹妹在外遊蕩，她很擔心，很難過，叫我們幫幫她。

沒多久小杜又打來說：「欸……她姊姊說找不到法師，問我們能不能幫她們找。」

我聽著小杜的話有點疑惑說：「我不是說好嗎？就是交屋前家屬要盡快辦好，因為買方她想要把房子整理一下，所以你跟家屬確定完成時間就好。然後小杜，我一個私人意見，因為現在是鬼月，首先沒有人在鬼月做這種法事，包括我認識的老師或是法師都一樣，她找不到是正常的，因為人都在普渡法會上了，你可以請家屬約鬼月後的第一天或是第二天看可不可以？

再來就是，小杜我說過了千萬不要共情，不然會很麻煩，因為死者走沒多久，那個房間還有一些不舒服的磁場在……簡單說就是人還在裡面，但是我們是仲介，負責買賣房子，這就是一間房子，我真的不希望因為租客家屬的問題，導致我們買賣雙方出現差錯，那我真的會抓狂罵人！因為她姊姊講的這些，老實說真的還在裡面啦，但你有辦法提出有鬼的證明嗎？一旦交易有問題，你有辦法把死者叫出來問怎麼回事嗎？不可能吧！所以還是理性的溝通協商。

還有小杜……家屬如果要做的話，可能要盡早安排，鬼月過後可以立刻去處理最好，要不然過程買方要先借屋裝修什麼的，也不方便，所以時間會比較趕，但是還有一個禮拜的時間，你請她們安排看看，真沒有的話就是用買方請的師父，她們可以過來參與，或是來看有什麼想表達給死者的……」

煩的感覺出現。

其實說真的在我說這些話時，不知為什麼相當地急躁跟心煩，有一種非常不耐

接下來幾天我也沒去過問這事情，就讓案件順著流程進行，大約兩個多禮拜後，快中午的時候小杜打來了，我問他怎麼了？

他給我說：「那個家屬的姊姊想要跟你聊一下，看方不方便就是跟她講一下，因為有答應她讓她辦法事，但是不能有聲音的那種，就想說你跟她解釋一下，她等一下打給你，拜託了……」接著就掛電話了。

說真的聽完頓時超想罵人，幹嘛為這種事情找我！

但我還是耐著性子，接了對方家屬姊姊的電話，當然也是聽了死者姊姊的訴求跟想法，我的回答也是說我這邊可以讓她請認識的師父做，沒有的話買方也有請專業師父，看要不要一起，家屬說因為經濟關係沒有錢，我也告知法事費用由買方支付，但是因為您有說想要將魂請回北部，這部分的問題，畢竟是要法師走一趟，所以費用的部分可能要請您跟師父溝通跟報價，我就沒辦法去做了解，但是這個姊姊

一直問我多少錢。

我說：「我真的不知道，這個我不是專業，要師父跟您報價才準確。」

姊姊說：「但是我現在找不到師父處理……」

「正常，因為現在鬼月，沒人做這種法事，一般都要等鬼月後了。」我耐心解釋。

「那你認識的師父能做的話，能幫我問多少錢嗎？」姊姊不死心地問。

「痾……我真的不知道，您要不來一趟台中，等買主叫師父來處理的時候，順便問一下請回北部的金額會比較好？因為我也不知多少錢，所以問我真的不準。」

面對姊姊的糾纏，我在電話那頭就差沒有舉雙手投降。

解釋完後，我打給了玲姊講了這個問題，或許是惻隱之心，想說還是將家屬的念想跟心願讓玲姊知道，玲姊也不反對，當然建立在不要驚擾到其他鄰居的情況下低調處理。

「那個……玲姊，幫個忙如果可以的話，因為家屬的經濟好像比較不好，那個遷回的費用，請您跟師父說一聲能否體諒家屬，便宜一些，因為這法事費用你出錢，但遷回的費用還是應該要由家屬自己負擔會比較好。」

玲姊聽完也是說她跟師父講講。

不過我也不知道幫忙這事，好還是不好，但接下來我遇到了真的想爆發的狀況。

當天下午我接到了死者男友的電話，他說話的口氣我聽得出有點不太好，他說：「文先生嗎？」

「是的，您是……？」我問道。

「我是死者的男朋友，那個姊姊有打電話來跟我說，因為我們想進去招魂，你們不是說好，怎麼又說不行？」

我聽完滿頭問號，我說：「大哥……沒有啊？沒有不行啊？我們說是可以的，就是因為時間比較趕，看能否安排在鬼月過後這樣子，而且不能有就是鈴鈴的那種搖鈴的聲音，希望能低調處理。」我說。

不知道那個姊姊跟這死者的男友說了什麼？只聽見他接著很不客氣的說：「怎麼可能沒有這聲音？一定會有的，跟你講啦！你們不處理，到時候房子又出事情不要來找我們，我們不會管你的，而且時間這麼趕，去哪找？」

我也很耐心解釋說：「是有法師作招魂不一定要搖鈴啊……」

他也聽不進去，就很暴怒的罵我說：「進去招魂是會怎樣啊？你×媽沒人性的啊！蛤，現在怎樣要來吵架是不是！」

沒人性……他用惡狠狠的語氣講出這些話時，我理智真要斷線了，如果不是顧及買賣問題，真的會想說：「在哪？老子帶人跟你幹一架去！」

到這地步，我……我真是要爆發了！可是理性告訴我必須冷靜處理。我沉默一會兒也是讓自己冷靜一下後說：「大哥，這樣說就過分了啊，首先我是『仲介』啊，房子又不是我買的，也不是我出錢的，原屋主之前不是也有讓你們去做嗎？再說了，現在新買主不願意，那我也不能幹嘛啊？對吧，講點道理行不行。」

＊＊＊＊＊

最後是由買方找來的法師處理，家屬不用找了，可以的話來參加就行，那個男友之後也冷靜下來，但還是繼續放狠話地說他就不管了。

當天晚上跟一名朋友約吃飯，我講了下午的事情，因為被罵了沒人性，這讓我真的覺得很受傷。朋友說叫我別在意，畢竟死的是自己家人跟女友，難免會情緒激動。我明白，所以當下我體諒，也忍住了要爆發的脾氣，但是後面還是爆發了……

正當我跟朋友吃飯吃到一半時，接到一通電話，這次我更懵了……

「文先生您好，我是那個幫死者處理的葬儀社。」電話那頭說道。

葬儀社？

我問說：「痾……怎麼了嗎？為什麼葬儀社會打給我啊？」

對方解釋說因為死者家屬姊姊來說關於什麼做法事的事情，他不知道是什麼情況所以想說打來問我。

這一刻我真的爆發了，直接開罵：「你現在，立刻給我打電話給她們說只要這個案件因為她們的行為造成交易有問題，我就告她們。沒完沒了了是吧！早上姊姊打，下午男友打，現在換你打，你葬儀社插手這事情幹嘛!?我只是仲介，這我決定不了的事情，麻煩你打給家屬講一下。」

對方也說抱歉，因為他們是聽到家屬來電哭訴才來了解情況。

當然我也知道，只是剛好葬儀社變成我爆發的出口……最後我跟葬儀社的人說了聲不好意思，請他們包涵後，我掛了電話立馬打給小杜。

「杜××，我跟你說剛剛葬儀社打來，你呢……不要再跟家屬講什麼了，子不語怪力亂神，這句話聽過嗎？我就不該幫你去跟買方講什麼，拜託一下，你不要到時候因為家屬的關係，搞得買賣出問題。小杜，你是仲介！最重要是把屋主的交易安全顧好，我知道你同情家屬，我也有惻隱之心，但也跟你說不要有共情的情緒出現，因為死者會因為你的共情情緒而有諸多干擾，你怎麼不信邪呢！」

我把今天遇到的情況一次說給小杜聽，最後甚至警告他別再亂說話了，要不然有問題上了法院，你跟法官說死者還在，去哪提供鬼存在的證明！最後小杜連連保證不再插手跟亂說後，案件也順利交了屋。

交屋後跟玲姊約吃飯，我跟她說了我被對方家屬罵沒人性的事情。

「欸……我真的沒人性嗎？」我問。

「唉唷，那個家屬哀痛中，可能沒那意思，別想多了……」玲姊說道。

沒人性嗎？

我喝了一杯酒後想想，好像有的時候，對於這種事情可能已經麻木了，見多了，加上沒把家屬心情顧慮周到才會被說成沒人性吧。

至於小杜……我後面則跟他說了不好意思，我也知道他的狀況，只希望，他能走出自己心中的困難跟壓力，不管是經濟方面，還是心理方面，因為如果過不去，很容易有輕生的想法。

有人……想買便宜的房子嗎？便宜的凶宅唷！

買凶宅前要先衡量運勢？

之前常有人問我，買凶宅的人運勢上會不會受到影響啊？

本來一開始我認為是還好，直到後面看到一件實例後我才覺得，可能還是多少會受到影響吧……

而且是很明顯，事件剛發生沒多久的那種凶宅，因為剛發生，可能死者的魂魄還在裡面或是磁場還影響著現場。

＊＊＊＊＊

分享一個故事，關於大家想知道的買凶宅的人，運勢會不會受到影響。

記得兩年多前的一個九月，我看到一名仲介發文要賣一間在台中北屯的三房掛平車，備註上也說有發生事故，這個剛好是認識同行的店裡物件，就去了解屋主想賣的價格後，我找了幾個客戶，因為房子很新，其實當時有幾組客戶考慮，當然都是有先告知過這是有出事的，而且發生沒多久。然而，跟這些客戶解釋似乎有點多餘，因為在他們的理解中，只要我提供的價格比市場價格便宜，他們就知道這房子有什麼問題，再加上他們本身也有買過這種房子的經驗，所以我們之間就自然而然地建立了一種默契。

剛好因為這案件從交屋到發生事情，大約只有兩年時間，房子還很新，事情發生後，大部分屋主遇到這種事情當下，心情都是十分錯愕，有的會伴隨憤怒，多數是覺得倒楣，但對於後續處理其實都沒什麼概念跟想法，甚至可以說是根本不知道該怎麼辦。

有的屋主覺得可能這房子畢竟出了事情，就算留著自己也不敢住進去，繼續租人的話租金可能又不如之前，隱瞞屋況去出租又覺得良心過意不去，索性就拋售了。當然真正估價出來後，也有屋主覺得賣了不划算，那便宜租加減補貼也可以的情況下就會選擇保留，等過幾年房價的漲幅高了些再賣，以降低自己的損失；當然有的屋主覺得晦氣或是怕影響到自己運勢或健康，即使賠售也堅持將房子脫手。

當時我把這個案件報給我一個朋友，她叫華玲。原本她不太碰這種房子，可或許是因為有認識的師父能夠幫忙處理，以及一些觀念的改變，對她而言買了之後請師父來做超渡，也是種功德的累積，至少她是這麼跟我說。

我跟同行朋友問了一下原因，她只說是燒炭，可是不知道輕生的具體原因。而房子本身是三房兩衛浴，附一個坡道平面車位，當時屋主租給了一對夫妻，那其實租給一個家庭看起來都很正常單純，屋主原本也很放心，卻不知道後面會這樣子。

我同行朋友去詳細了解，屋主的轉述是說，自己將房子租給一對夫妻，想說正常夫妻嘛，聽說當時是夫妻吵架，吵得比較兇，先生氣不過，就把自己反鎖在房間裡面，起初太太也沒想那麼多，到了晚上一直沒看到先生，敲了房門也沒回應，於是拿了房門的備用鑰匙打開才發現先生早已在房內燒炭自殺。

我把屋況以及事發原因跟華玲講了一下，因為是新房子不擔心什麼漏水的，就是要找登記人，當時她說沒問題，就找了我們共同認識的一個朋友，叫大權。

再三確認是要用大權名字登記後，我就跟屋主那邊的業務約時間，確認時間後我打給華玲說：「沒問題，你跟大權說一聲，叫他明天下午四點來簽約。」

因為那時候是中午，剛好他們公司在聚餐吃飯，大權是華玲的員工，也就順便一起通知了，然而沒意外，意外就發生了。事後我曾反覆想過，如果有先去了解一下大權本身的情況跟運勢，會不會能避免這一劫。

為什麼這麼說？因為我跟華玲講完這件事情後，通知完大權，大約兩個小時後我記得是下午四點，華玲打來跟我說：

「那個大權他可能沒辦法去簽約了……」

我一驚問：「什麼情況啊？他不願意嗎？」

華玲說：「他……出車禍了！然後手被撞斷了，現在人在醫院裡面……」

我聽完後說：「那怎麼辦？明天誰簽約啊？」

我停頓想了一下，問她說：「撞斷哪隻手？」
「慣用手。」華玲說。
我聽完後說：「嗯……意思就是他廢了……那明天怎麼辦？」
華玲說：「我來簽約囉，就是代理人簽約，他授權給我就行了！」
「好吧……是說……可能我忘了問大權最近運勢如何，畢竟屋子裡的事件發生沒多久，雖說不是每個買凶宅的人都會有事，不過他要是運勢不太好，可能還是會影響。」我說。
華玲說：「那怎麼辦？他都被撞了，要是這時候放棄不買，那他不就被白撞了！」
我聽她這麼說也是服了。
到了簽約當天，跟屋主碰面時，再談一些細節，發現到屋主當時買預售屋是二手的到現在成屋，這裡屋主有個隱形成本，什麼樣的隱形成本？
就是當時為了不被課稅，原屋主賣她時，希望的獲利是以現金方式給原屋主，雖說這不是什麼稀奇的事情，不過她在賣的時候就會有個隱形成本在。當時買賣凶宅我跟屋主說能做到讓她不賠錢，然而那是基於她買的時間跟持有時間夠久，伴隨著房價漲幅，雖說屋主賣這間房子是以凶宅價格賣，但老實說她沒有賠到什麼錢，因為房子很新，外加房價也有漲，用當時行情去打折賣，其實她不虧，頂多虧到一點點的隱形成本，幾萬塊左右，但是老實說，她如果沒這個隱形成本的話，表面看到的狀況，她是賺錢的。

而這幾萬塊，說白了，就是要繳給國稅局的「房地合一」稅金罷了，而那個隱形成本屋主卻到要簽約才給我說出來！當然這是她可以接受的範圍，商討過後也就這樣定案了。

簽約時屋主看到華玲時一臉疑惑地問我說：「不是一位陳先生要買嗎？怎麼變這位張小姐了？」

「痾……這位是買方的代理人，是這樣的，原本的簽約人昨天跟他訂好今天簽約時間後沒多久，大概就在我跟他說完的兩個小時後吧，他被車子撞了，手撞骨折進醫院了，因為可能也巧合吧……他命不太硬，但是又不想要放棄，畢竟都被撞了，他說要是放棄就被白撞了……對吧！哈哈哈……」我說。

我跟屋主解釋原因，雖說大權是做為房子的登記人，總不能說坐在眼前才是真買主。屋主聽完後也是一臉驚訝，她也在想說是不是因為買方要買這房子的關係受到了影響，當然這種事情未必一定是這原因。

屋主像是要自清地說：「這件事情發生後，我家小孩還有去房子住，其實我都沒跟我小孩講，我小朋友高中了，有時他會帶同學或是朋友去房子裡面玩，或是住在那邊，他們住了也沒什麼事發生，所以應該還好……」

過程中因為屋主對於遇到這樣子的事情表示很無奈，我也試著安慰她，怎麼安慰？講個比她更慘的案例就行，我跟她說了一個台中大里的屋主買預售屋，等了三年成屋交屋後，稍微整理租給了一個租客，不到三個月，租客在裡面上吊了……吊在廁所乾濕分離的橫桿上，那個屋主甚至覺得租客是有預謀的，挑新房子來上吊。當然了，我也做到了沒讓屋主賠錢賣房，至少那個屋主她沒損失。

簽完約後，小聊了一下。

屋主說：「我本以為會折損很多，想不到只有給幾萬塊的稅金，算好的結果了。」

我想到什麼跟她說：「今天是九月十八號，是你賣掉這間房子的日子，歷史上的今天也是一個事件的發生。」

「今天的日子？是什麼事件？」屋主問。

「九一八，歷史上的今天是日本侵華事件的日子。」我說。

雖說沒什麼梗，就是想到跟她說了一聲，可能我內心希望能加減轉移影響運勢這話題吧，果然屋主也只是乾乾地笑了笑。

「那就希望陳先生趕緊好起來了，看能否交屋的時候看到他。」屋主說。

送走屋主後，我跟華玲到外面的燒烤攤聊了一下，我問她說：「這大權是怎麼了？為啥被車撞？」

華玲說：「就因為當時我公司中午聚餐嘛，結束後他騎車回去的路上在等紅燈時被撞，撞他的司機說是要撿手機，結果方向盤歪了直接撞上大權，還沒煞車的那種……」

「我草，瞎了吧他！人在前面至少會看見吧？」我說。

華玲說：「我告訴你……詭異就在這兒，司機說當時只看到前面紅燈，根本沒有看到任何摩托車跟人，因為速度不快，是聽到聲音才曉得自己撞到人了，重點是司機一直強調說他看到的前面是沒人的……」

「是喔……那大權保險還是什麼的應該有賠吧？」我吃著烤肉說。

「沒有，因為大權中午聚餐他有喝酒……」華玲說。

我沉默了一下接著說：「意思就是他酒駕停紅綠燈，肇事車把他慣用的那隻手給撞斷，大權自己還無法申請保險理賠……」

我想有沒有可能買這樣剛發生事件的凶宅，畢竟才發生事情，死者的一些磁場還在裡面會影響到運勢不順的人？哪怕只是借名登記的房屋登記人，也會受波及？

後續雖說他是被撞的，不過畢竟有喝點酒，就算酒測值不高，但這事情因為有喝酒也被追究部分責任。

＊＊＊＊＊

有很多人都想問買凶宅能不能貸款啊？或是說大眾普遍認為是不能貸款的，可其實不然，舉個案例：

我之前在台北賣一間位於捷運安和站附近的兩房，屋齡大約十一至十二年，正常行情是每坪一百一十至一百二十二萬，因此房子成交價正常情況下是兩千兩百萬，當時這間凶宅售出的價格是一千六百萬左右，銀行貸款一千一百萬，大約七成，當然利率會高一點。

為什麼這麼說，銀行貸款給你買房，有很多評估，例如最基本的房屋標的物的價值、個人信用、風險評估，以及對於是否能還款的一些還款能力評估，簡單來說就是風險控管。當時銀行知道是凶宅情況下，該房屋標的物正常非凶宅行情約兩千兩百萬，銀行也認為有這價值，但因為是凶宅所以只願意貸行情總價一半也就是一千一百萬，當時的買方買一千六多萬，一樣也只能貸款一千一百萬，對銀行而言風險評估就是有房屋瑕疵（凶宅），所以貸款不高，但是地點跟屋齡以及買主信用和付款能力，都是銀行的評估參考，房屋是銀行貸款的擔保品，勝就勝在地點好，大安區安和捷運站旁，所以不論你買兩千兩百萬還是一千六百萬，都只能貸款給你一千一百萬，當然利率也會高一點，這則是因為有一點點的風險存在就是「事故屋」的問題。

銀行貸款給你的評估，假如房屋標的物的地點不是那麼理想，要是在什麼鄉下地區或是六都直轄市之外的縣市可能就沒什麼銀行願意承做，所以才會有很多人覺得凶宅是不能貸款。換個角度想，若你是銀行，台北市市區的凶宅你貸款給買房的人風險小一點，還是貸款給鄉下地區的凶宅風險小一點呢？

對吧！

在選擇銀行承做貸款時，公股銀行審核嚴格是不太有機會，各位可以參考其他像是小一點的銀行或是信用合作社的，只是利息很高，務必要先評估自己能否付得起貸款。

以上是正常情況下的凶宅房屋貸款。

對了，當然也存在灰色地帶的處理方式，而這是業內比較低調的作法，不論是屋主還是買方或是銀行方，目的是讓屋主無痛脫手、買方買到理想的價格、銀行有業績。若要說什麼合不合法的問題，只能說都是合法程序，就是細節可能會讓人覺得有些取巧。

好了，有人想買便宜的房子嗎？便宜的凶宅唷！

CASE 2

凶宅也有溫馨事

世界上沒有後悔藥

「世界上沒有後悔藥……」這句話應該很多人都知道，有些事情不要做了才後悔，因為那時候已經來不及了。

最近常常有人問我：「你賣事故屋，不怕嗎？」

怕嗎？我也不知道，只要別有什麼奇怪的事情發生就還好，因為我一直覺得凶宅或許很多人會害怕，可是換個角度想，死在房子裡面的人，他們其實是其他人的親人，甚或是最愛的人……

當然，只要沒發生什麼奇怪的超自然現象我是不怕這個問題……

＊＊＊＊＊

講一個我之前接到的一個位於新北新莊的案件，這個案子我報給了自己的一位朋友，說真的我這個朋友從買房消息出來、簽約到最後成功交屋，她從頭到尾都沒有進去過房子裡半步。

這房子是一間老公寓改套的物件，改了五間套房，屬於收租物件產品，距離捷運站大約十分鐘的走路時間，地點跟生活機能都還不錯，距離夜市也近，簡單來說就是各方面的條件都還不錯。

我這個朋友嘛，是個女孩子認識她也有好幾年了，簡單來說金牛座的女生，那可是真的精打細算阿，她本身也有在投資房地產，是屬於長期持有性的置產客，有的投資客跑短期，買了就賣。她屬於長期持有，而且會去換算租金效益帶來投資報酬率如何，通常她是不太碰這種凶宅案件，可是這次的案子卻讓她起了興趣。

不過……也苦了我……

說一下這個案件的故事給你們聽吧。

我有一個從事清潔行業的朋友他叫于哥，有天于哥打了電話給我，跟我說：

「唷，水鏡，新北新莊有一個案件，事情剛發生兩天有點味道，因為屋主好像想賣，而且很忌諱這事情，你要來了解一下嗎？」

我聽後第一個反應是問：「味道很重嗎？」

因為在我這麼多的經驗中，屍臭味道可不好聞啊……

于哥說：「還好，反正屋主請我來做個清潔，這個味道交給我處理，兩到三天就讓這房間沒味道了。」

「那好吧，屋主有要賣的話，看能否抽空碰個面跟他聊聊。」我說。

這種特殊清潔的事情于哥是專業的，他說能沒味道就一定沒味道，接下來就是屋主這邊的事了。

我大概跟于哥問了一下房子的情況跟屋主的想法，于哥跟我說：「他這個房子是個老公寓，改了五間套房，其中一個租客是男性，在房間裡面就是烤肉死了，結果兩天後有味道出來，其他房的租客反映給了房東，然後房東去敲門沒有反應，味道又很重，結果不行就報警來把房門鎖撬開，看到租客在裡面燒炭自殺。」

聽到這我就問了說：「那往生的租客有留遺書之類的嗎？」

「沒有，而且聽旁邊其他間的房客說，就是兩天前回家遇到都還有打招呼，而且其他房客也說往生的租客人不錯，看到他也沒什麼不對的地方，哪知道兩天是這樣子自殺去了。」于哥說。

能用稀鬆平常的對話談論著這樣關乎生死的案件，是因為對於于哥來說這樣的事情，他也看得多了，認為人生就是這般無常。你今天看這人都有說有笑的，一起吃飯一起喝酒，可是隔天人就輕生了，什麼原因不知道，不過我想每個選擇輕生的人心裡都有不為人知的壓力吧。

在于哥的介紹下，我跟屋主約在了離房子不遠的便利商店碰了面，屋主是一對年輕夫妻，有一個小女兒，那天我跟他們在聊的時候，才曉得，他們是跟人家買二手的，也是買來收租的，想說一個長期置產的投資規劃，當初跟裡面的幾個租客是有認識，加上後來的租客也都穩定的情況下，一直在收租，直到，某天其中一個房間租客在裡面燒炭了……

屋主登記是太太的名字姓林，就先稱她林小姐吧。

聽林小姐她跟我說：「當初本來想說投資，那也不知道會遇到這情況，我也沒經驗不知道怎麼辦，剛好因為房子要清潔的關係，找到了于先生，他介紹你來處理，說你有經驗。」

我說：「恩……這個情況不管誰遇到，應該都不知道該怎麼辦吧……這樣吧，您告訴我您的想法。」

我跟屋主聊了一下後，他們夫妻決定這間房子不想留著，希望能賣掉，當然如果可以的話……希望能賠少一點……

我告訴他們說我盡力而為，但畢竟房子屋齡比較久了，不過至少是隔成套房在收租，有一定的投報效益在，可以找置產客戶來看看，就這樣子在跟屋主講完後，我就開始來找客戶了。

關於這個案子的銷售，我陸續報給了幾個客戶，當然因為價格上可能跟客戶對於凶宅的認知價格有點落差，所以那時候雖說有幾個考慮，不過卻沒有下決定。

因為案件卡在這，加上屋主不想留這房子，在等待那些看過房屋情況的客戶決定的這幾天裡，我找了一位朋友聊了一下，順便跟她提到了這個案件。

我這朋友也是仲介同行，有點刁蠻任性，十足的公主病，不……是公主癌！有的時候我真的可以體會到女人不講道理是什麼意思。她叫小慧，我都叫她慧姐，她也是標準的會嘴砲的人，我有時候會叫她喇叭嘴。

在跟她聊了這個案件後，她聽完也跟我分析了這個案件的特色之處，還順手算了一下投資報酬率告訴我說：「嗯，感覺這間投報很高耶，可以買來長期持有。」

聽到她這樣講我很驚訝，畢竟她也是很害怕這種事故屋的人。

我說：「妳不怕啊？」

「嗯……怕呀，可是說真的這間若是以投資角度來看的話……其實可以買下來長期收租的。」慧姐說。

就在她做了一下思想掙扎跟自我心理建設後跟我說：「要不然……你問問看屋主多少錢可以接受，我覺得……我可以買來收租吧！」

「蛤……妳要買!?」我以為我聽錯了，這個喇叭嘴女人告訴我說她要買來自己收租置產的！老實說我心裡真的懷疑她是不是唬爛我的，雖然說她平時很喜歡晃點我，以至於我常常都有想掐死她的想法。

於是，我再一次確認她的想法。

「妳說真的假的？要買這間？確定？」我疑惑的問她。

「嗯，確定啊，因為這房子改了五間套房，我算過就是低租也好，投報也不會太低，而且生活機能還不錯，我家住台北，剛好有空回家時可以順便去管理看一下。」慧姐說。

我聽著她這麼說，那就好吧！我也直接告訴她屋主要賣多少錢，看看她願不願意。後來經過跟屋主的溝通議價後，也終於成交了，按照我這朋友的理想價格買了下來。

當時這房子發生事情的那間房間，屋主當時為了要開門，是用破壞門鎖的方式進去，所以那間房間的鎖是壞的。

因為我這朋友不進去看屋，只好由我去拍照讓她了解屋況跟房子內部的格局，我跟她說：「格局上，現在是隔了五間套房，出事的那間是編號「二」號的這間。」我把手指指著格局圖上寫著「二」的這間房間。

對她而言，雖然知道是凶宅，可是只要投報高就好，其他間的租客因為這件事情，紛紛都退租了，只留下了三號房的租客繼續租。

所以接下來她要把房子整理一下，換掉部分家具，重做地板跟其他房間的清潔跟油漆，當然了……這些細瑣的整理事務這喇叭嘴的女人一定是叫我去想辦法。

因為慧姐本身還是會怕的，所以希望整理好的時候叫我找認識的師姐，做個法事超渡一下裡面的死者，不論之前家屬有沒有做過法事，至少再做一次求個心安吧……

在準備施工的前幾日，有一次剛好遇到了三號房的租客，就跟她聊了一下，她姓梁是名單親媽媽，還帶了一個小女兒，言談中感覺是滿正向努力在生活的人，她跟我說了一些關於二號房的租客事情，她說：「我也覺得很意外，因為我記得出事當天有遇到二號房的租客，還打了招呼小聊一下，人很和善。」
我給了她一個微笑說：「這……人生無常，或許他有他自己的無奈吧。」
在我準備轉身想查看二號房裡需要整理的部份時，梁小姐叫住了我，然後有點欲言又止的開口說道：「那個……我不知道是不是因為門鎖壞了的關係，出事故的門有時候風吹會發出喀喀喀的聲音，還有一次……因為現在整層樓只有我還住著，但我好像不時會聽到隔壁有人在走動的聲音，還有類似開關門的聲音，你是房仲，看能否叫屋主請人來看看呢？」
聽完她這樣子一講，我反而好奇的問起她：「那……其他人都搬走了，怎麼妳沒搬走呢？」
她尷尬的笑了一下說：「因為……房租很便宜啊，相對其他地方的房租，這裡租著不貴。」
我心想……也是，這麼便宜並不是因為房屋是凶宅的關係，而是一開始屋主租的時候就很便宜。這點我有特別跟原來的屋主林小姐詢問，才知道是因為她覺得每個在外工作的人都不容易，所以租金設定上比周圍附近的均價來得更為親民。

關於這梁小姐提出的問題，我本來以為只是她因為這事件的關係，心理上多少變得對環境的動靜比較敏感，但直到施工的那天，我才發現，看樣子租客梁小姐講的狀況似乎……

不是幻覺！

為什麼我會這麼說，因為慧姐打算要把房間地板重做，油漆重新粉刷，家具跑去 IKEA 買整套的，還有些衛浴的東西想換掉，當然還是我這個業務去負責幫她監看，跟找廠商，因為她自己不進去。

那天地板的施工師傅來了，我一樣去看現場。說真的，人有第六感這種事情不是唬爛的，明明兩個房間都要施工，我就是覺得唯獨出事的那間給人有很不舒服的壓迫感。那感受十分明顯，師父在施工，我在旁邊看，兩名壯漢在屋內都可以感覺到有一種無形不友善的壓迫感，施工的師父就說了：

「這個房間怎麼有點悶啊，不太舒服……等一下出去透個氣。」

其實，我並沒有跟施工的師父講關於這個房間的事情，怕嚇到他們，施工的時間也就這一兩天便會完工的事情，不需要特別讓他們多想多麻煩出來。

因為施工用了三天完工，地板、油漆跟一些家具進去後，拍了照片給慧姐看，好讓她不看屋也要了解一下現在裡面長怎樣。

說真的，整個施工期間從第一天進去，到我最後去驗收，每次去都有一個感覺……那就是死者絕對還在裡面，因為每次去都有種壓迫感在，但是只要一出房間就又不會了。

這個情況我也跟慧姐說了一下，她說：「那個……有沒有認識的人可以幫忙一下的，就是請他離開。」

我笑了一下說：「有！反正妳出錢。」我說完就找了一名認識的師姐來處理。之前找這師姊處理事情時，就有聽說這師姐會通靈。但直到那次，請師姐到案場幫忙時，這名師姐說了：

「這房子裡面這個死去的人是一個男生，年紀看起來好像才二十幾歲的樣子。」當下我頭皮發麻，那感覺直到現在都還印象深刻。為什麼我會這麼驚訝呢？因為我事前壓根就沒有告訴過她，屋裡的死者是男是女，年紀多大，但師姐卻明確地說出往生者的概況。

在跟師姐約好北上去新莊的時間後，當天我開車載著這位師姐從台中到新莊這間房子，去之前師姐有準備了一些銀紙、蓮花、紙衣服這些東西，一直到了房子附近時，師姐特別吩咐我去附近的自助餐店買一些飯跟菜，盡量豐盛一點。

在準備完這些東西後，師姐讓我帶著東西到房間去，找個小桌子放好這些「供品」之後，師姐也開始準備超渡的儀式了，除了以上準備的東西外，師姐這次來還多帶了一尊神像，是東嶽大帝。

過程中只見師姐開始口中誦念經文咒語，手中拿著鈴鐺開始了叮叮叮的超渡，我就在旁邊看著，因為這整個流程約莫需要一個小時的時間，師姐邊誦經時，一度停下來跟我說：

「欸，他不只在這個房間走來走去，之前也在走廊，甚至到你對面那間空的房間去。」

我聽後，一臉疑惑問說：「去對面房間幹嘛？又沒人！」

「喔……就無聊啊，就到處走走逛逛去看一下，一下在這房間，一下在對面房間或是外面走來走去。」師姐說。

聽完，這時我聯想起到幾天要施工前，三號房租客梁小姐跟我說的話……

「有時候我會聽到走廊有人在走動的聲音……」

我心想這傢伙還亂跑啊，師姐接著繼續誦經超渡，小桌子上放著紙錢、蓮花還有買來的飯跟菜。

我站在小桌子旁邊看著師姐的超渡儀式，就在師姐繼續搖著手中鈴鐺誦經超渡時，又停了下來跟我說：「他現在跪坐在那個桌子前面吃飯，他說很難過，在哭……而且很後悔……」

我低下頭看著前面的小桌子，我看不見他，但是腦海卻有那個畫面出來，我苦笑著說：「那……那能怎麼辦，他說後悔，這後悔也來不及了啊……路是他自己選的，我們能做的就是看怎麼樣才能讓他輪迴，別在這個地方待著了，僅此而已。」

師姐也對著那個小桌子說著一樣的話，就是告訴他說：「現在後悔已經來不及了，現任的新屋主願意超渡你，做功德讓你輪迴去，離開這裡不再受苦，要不然會不斷重複生前的自殺行為。」

我問說：「如果後悔……那當時為什麼要選擇輕生呢？」

師姐看了一下桌子又看我跟我說：「他說因為日子過得很不好，很痛苦，覺得生活艱辛得沒意思。」

就在這瞬間……不知道為什麼心裡有種很酸的感覺，是一種想哭的感覺……

我一直沒說話，但師姐好像知道我要說什麼，她跟我說：「他……那個男生現在正在大哭，哭得很難過。」

隨著鈴鐺響起，誦經經文接著繼續。

沒多久後師姐停了下來，我以為結束了，只見師姐回頭表情有點為難地跟我說：「他說他想找他媽媽，自己很不孝，很想念他的媽媽，問我們能幫忙他嗎？」

我……聽到這個其實有點傻掉了，這是要去哪找呀？我壓根就不認識這個死者，只能跟他說：「抱歉……沒辦法。」

師姐說：「你有這個男生的名字嗎？」

「沒有……」

這個往生的人，因為死了，在過戶後隨著租賃合約移轉，也只有三號房的梁小姐願意繼續租。除了這位死者之外的租客都退租了，所以我根本不知道這個男生叫什麼名字。

師姐想了下說：「那好吧。」

接著對著小桌子說：「因為我們不知道你叫什麼名字，所以沒辦法幫忙，但是現任的屋主有準備了金銀財寶、蓮花跟吃的還有金衣吼，你吃飽後東西我們會燒給你，就趕緊離開吧……」

我跟著附和說：「我們能做的就這些了，後悔已經來不及了，塵歸塵，土歸土，帶著東西該往哪就往哪去吧。」

師姐接著繼續搖鈴誦經，大約花了一個半小時，整個法事告一段落結束了，在收拾東西的時候，我發現到房間的壓迫感明顯少了很多，我問了師姐為什麼，她說：「因為施工那個時候他還在啊，他又沒走！你施工打擾到他啊，自然會不開心就盯著你啊。」

我草，怪不得那些油漆還是地板施工的師傅都有反應這個問題，原來是打擾了啊……

「對了，那個男生（死者）說謝謝我們幫忙超渡啦，然後也跟屋主說對不起造成她的困擾了。」說完師姐開始把一些法器跟東西收一收，稍後要去燒掉。

收拾結束後，師姐說那些祭拜的飯跟菜不要吃了，因為鬼吃過的會有鬼氣在，吃了對正常人的身體不好，但我看著浪費就帶回家拿去餵浪浪了。

回家的路上，開著車子在高速公路時，就在想……

一個人什麼情況下會選擇輕生呢？是真的過不去了嗎？

死者還年輕，家裡還有父母啊，這白髮人送黑髮人是你想要的結果嗎？

我回想到那個往生的死者說自己過得很痛苦，可他知道嗎，住他旁邊房間的那位單親媽媽梁小姐，一個人帶著小孩生活雖然很辛苦，可卻也十分努力的堅持著，辛苦的奮鬥著。

當我聽到在超渡時，你透過師姐告訴我說「後悔了，對不起媽媽……」可已經來不及了，因為你……已經死了。

回到台中後約了慧姐喝杯咖啡，我把這事跟慧姐聊了一下，一開始她還很害怕問說：「所以那個裡面的人，有離開了嗎？」

我笑了一下說：「離開了，只是離開前他透過前去處理的法師跟我說，『他很後悔……』這句話是他離開前說的。」

我大概跟慧姐講了一下現在留下來三號房客的情況，因為慧姐在買之前她一直想沒明白為什麼那個地方的套房出租價格這麼低？為什麼原來的屋主林小姐願意比別人低的租金去租給那些房客？本來以為是環境或是社區本身的問題，可後來才明白，那個原屋主林小姐只是覺得他們都是出來工作的人，在外打拼不容易，所以便宜租。

慧姐聽完後，她說：「反正當時的租金投報就很不錯了，我取得成本也低，加上現在要漲也不可能，畢竟這是有發生事情的，你就幫我找租客吧，租金的話……維持不變吧。」

屋子重新做過裝潢跟清潔以及法事過後，我有問過梁小姐是否還有她之前說的走路腳步聲或是開門聲，她也說這幾天沒聽到了，我想那「他」應該真是已經離開了吧！

就在我正苦惱要怎麼幫慧姐找新租客時，這時候梁小姐打電話來了。

「你好，你是房仲嗎？」電話裡梁小姐問了我，因為當時離開時我留了張名片給她，告訴她我負責幫現任屋主處理房子的一些事情。

「梁小姐嗎？怎麼了嗎？需要什麼幫忙？」我問。

「就是想問一下新房東，因為我知道之前租客都退租了，我有同事想租，不曉得可以嗎？」梁小姐說。

我一聽這可幫了我大忙，急忙說：「當然可以呀，就除了你隔壁那間先不租之外，其他的你帶你同事看看吧！有想要哪間再跟我說就可以了，門沒鎖。」

就這樣也可能是機緣吧，除了事故房那間之外，其他的都順利找到租客租出去了，當然其中兩間還是梁小姐的兩名同事租去的。對她們來說畢竟租金相對周遭便宜很多，加上梁小姐住到現在也沒什麼事情，所以她的同事就過來租了，至於這事她同事知不知道呢？當然知道，畢竟這人會講嘛！

那麼……剩下最後一間房子怎麼處理，就再看吧。

而這房子的出租，我這愛錢又怕得要命的喇叭嘴慧姐，自始至終她都沒有踏進房子裡面一步，她只需要有個人幫她招租，有租金收，有問題能幫她解決就可以了……

我打從心裡真心覺得，下次自己朋友買房，我非坑她多一點服務費不可。

有人想買便宜的房子嗎？便宜的凶宅唷！

報恩

凶宅……

對很多人來說如果自己想買房的話，除非不得已不然也不會去觸碰的房子，可是這樣子的事故物件卻仍有人會願意出價購買，絕大部分的人都是投資客，因為這樣子的房子總價低。

像這類曾經發生過意外或是有人自殺的房子，一般人心理上不免會感到怕怕的。除了事件本身讓人們感到不安，另外是擔心這樣的房子應該都會發生嚇人的靈異現象，又或者擔心住進去會影響到自己的運勢。然而，倒也不是每一間有發生過不幸事件的房子都會帶來壞事。事實上，我曾經遇到一間房子讓我產生了一種想法……或許購買凶宅的人，也算是在做好事吧！

＊＊＊＊＊

這幾天因為承辦的案件中有幾件房屋是屬於事故物件，每個事故物件的所在地不同，有在北部也有最南部的。當然，每個凶宅背後都有它的故事跟原因，我也不知道什麼時候開始，會去試著了解每個物件背後的原因，而無可避免的會讓屋主想起傷心的記憶，畢竟這些輕生的人中有的是租客，有的是屋主自己的家人，許是父母，兄弟姊妹，都是他們自己最親近跟最愛的人。

這陣子幫一名投資客賣了一間房子，因為她本身也有在投資，所以常常都會報一些案件給她，問她有沒有興趣，這個投資客我都叫她——娟姐。

娟姐是名很厲害的女性，只要有錢賺的投資案件她都會想去談看看，因為剛好在幫娟姐成交房子後的幾天，有空去娟姐的店聊天時，順便蹭個幾杯咖啡跟零食。因為她知道我有寫關於事故屋的故事，那天她就跟我說了一個故事，一個關於她自己之前買凶宅投資的故事，我聽完後心裡有種感觸，或許……不是每間凶宅都會讓人害怕的。

娟姐告訴我大概的情況是她之前有個朋友是一名醫生，介紹她買一間房子，而那個醫生朋友也跟她說那是一間凶宅，房子原來的屋主是一名五、六十歲的老人家，老人家有一個弟弟，因為弟弟智能有些障礙，伴隨著年紀越來越大，父母也過世了，剩下哥哥照顧這個智能障礙的弟弟，可這條照顧的路漫漫無盡，哥哥自己年紀也大了，身體日漸大不如前，自身病痛以及照顧弟弟的重擔，使得他最後在久病厭世以及不堪壓力的負荷下選擇了燒炭自殺，娟姐其實不太喜歡買凶宅，可就是這間房子成了她那時候遇到很多不順事情的一個轉捩點。

「我記得你不是不喜歡買這種產品來投資嗎？」我笑著問娟姐。

「唉唷，這個是有原因的，不過說真的買這間房子雖然說沒有什麼可怕的事情，但就是有一種很特別的情況發生，也說不上來是什麼感覺！就在我買下房子後。」娟姐說。

我一聽完後，就很好奇，畢竟原來的屋主是因為壓力跟生病而燒炭輕生的，這樣子的情況總是會有些生前留下的遺憾在裡面，我的好奇心就來了。

「什麼情況呀？如果可以跟我說說，讓我寫在下一個故事裡面吧！」我說。

「當然好啊！」娟姐說的同時也幫我泡好咖啡了。

娟姐坐下後跟我說：「其實當初那間房子我沒有想要買，但後來我那個朋友跟我說了一下屋主的情況，加上我覺得有點賺頭，所以才決定買下來，應該說當時念頭也是想說幫忙當做個好事吧……」

娟姐跟我說了一下屋主的狀況，她說：「當時房子的情況就我跟你說的，因為哥哥身體不好又要照顧身心障礙的弟弟，壓力太大以及久病的情況下就燒炭死在房子裡面嘛，那因為怕弟弟沒人照顧，所以那時候有留下遺書寫說他死後的保險還有房子的錢要留給弟弟。因為弟弟住在療養院裡面急著用錢，又很需要醫藥費，希望起碼將這房子賣掉的這筆錢至少能夠照顧弟弟到他死去。但畢竟是凶宅，其實價格沒辦法賣太好，加上這種房子也只有我們這種投資客才會比較快決定出手，我那個醫生朋友，還一直跟我說買了一定會順順利利的啊，事業賺錢之類的，所以我就買下來了。」

娟姐喝了口咖啡後接著說：「其實我那段時間有很多的麻煩事，像是國稅局來查稅，加上買賣房子也有問題在跟人家打官司，反正那段時間做什麼都不順利，我那醫師朋友報這個案件的時候，其實本來沒什麼意願，可是就有個感覺叫我買下來，加上朋友一直勸說我這也算是做好事，於是我真就買下來了。

這說來也奇怪，本來很多麻煩事情纏身，但就在買下這間凶宅之後，不知道為什麼本來要被國稅局追的事情，我當時還透過很多關係去處理都沒有用，卻在買完房子後一個禮拜國稅局發了一紙公文罰個款就結束了，本來以為會有更大的麻煩，但還好最後只是罰個錢就解決了。

另外還有一些買賣糾紛的房子也都相繼和解，店裡面的業績也越來越好，以仲介公司來說我店裡一天簽了八件案件，是蠻旺的，事業財運都很好，所以那時候我就想可能不是每間凶宅都是很可怕的，總覺得那個死者的哥哥也知道我這是幫忙，由於經濟壓力的關係，哥哥本是想死後這房子賣掉的錢就是要留給弟弟，讓療養院照顧他到老，而我接手買下，算是了卻哥哥的遺願。」

我聽完心想，雖然聽說過有些凶宅往生者如果有被供奉的話，似乎會保佑接下房子的屋主工作事業上的順利。我之前有個同事叫永哥的，當時他也是陰錯陽差下賣了一間本來不是凶宅，過戶期間變凶宅的房子，不過聽說後面的買方從一開始的排斥，到最後生意好到開了第二家店，自己也搬進去房子裡面住了。

當然不全然絕對，我還是有看過衰小到家也有，例如半夜跑走的時候經過警衛室說了一句：「有鬼！」就再也沒看到人回來過了。

「而且當時來跟我談簽約的還是我那個醫生朋友，他也是療養院的院長。」娟姐講完這句話時我想到，我問：「這哥哥不在了，弟弟如果有智能障礙的話那怎麼簽約？」

娟姐跟我說：「好像是哥哥有交代，由我那醫師朋友做代理人，加上他們認識很久了，聽說弟弟其實本來也是正常人，也是醫生還是醫科相關工作的人，後來好像是因為工作壓力的關係還是生病或什麼原因，結果造成他的智能突然下降變成這個樣子，我那名醫師朋友因為認識他們兄弟，加上開療養院，哥哥就將弟弟送到療養院裡請他們照顧這個弟弟，哥哥付醫療費，直到……現實的壓力以及久病的情況讓哥哥選擇了輕生……」

說到這我聽著也挺無奈的，而且聽說兄弟兩個好像沒結婚也沒子女，無人送終。關於這個娟姐也抱怨了一件事情。

「當初其實買這房子後面交屋時也鬧得不是很開心，房子現場屋況其實很差，老房子沒整修沒裝潢的，那就算了，我那時候去一看那個『炭盆』沒給我清掉，也沒整理，整個超無言的好嗎！」娟姐說。

我笑了笑說：「誰給你清『炭盆』啊，弟弟一定沒辦法！哥哥都掛了，又沒有家屬或是子女在，這種東西……只能是接手的『新屋主』你自己找人清了。」

「也只能這樣子啊，不然怎麼辦？」娟姐很無奈的回答我。

我一邊安慰她跟她說就當做好事了。

「欸，對了，那個房子結果如何？」我一邊吃她們店裡的餅問她。

「喔！那個就是前陣子拜託你介紹幫我賣掉的那一間啊！」

我聽著娟姐這非常堅定的回答，我嘴裡咬的餅乾停了下來。

「前陣子？該不會是烏日那間透天吧？」我滿臉疑惑的問道。

「對啊！就是那間！」娟姐回道。

我一聽超驚訝的：「靠，真的假的？那我還算是趕上了啊！重點還幫你賣掉了。」

娟姐也是笑著直說：「對啊對啊！」

說真的我心裡想這也太巧了吧！娟姐買了這凶宅後整個風生水起，店裡賺錢，事業順利，本來犯小人的現在也沒事了，後面還有我這個業務幫她把這間凶宅轉手賣出去後又賺了一筆錢，我說這房子的原主人也真的是很給力，或許……他是真的很感謝娟姐買下這間房子，因為這筆錢才得以讓弟弟在療養院繼續生活，讓醫院能照顧弟弟到他走的那一天，這算是那個死去的哥哥對娟姐做的一個恩情的回報吧，也是他為自己弟弟最後唯一能做的事了！

好了，故事就到這了。

從事這行業多年，說句我自己感觸良多的話，每個凶宅裡死去的人，換個角度想，其實他們也是別人的親人，父母、子女，以及最愛的人。

有人想買便宜的房子嗎？便宜的凶宅喔！

機緣

說個最近遇到的一個案件吧，因為除了很玄之外還有一種說不上的巧合。

這是一個在台中太平的房子。

在我經手這麼多的案件中，一般來說房子發生事情之後假如要賣，一般是屋主或是家屬會來請仲介這邊幫忙，正常情況下他們都是活人，不過這次，卻是死者自己找來的……

記得在接觸這案件的前一天晚上，我一樣是在玩手機遊戲，看看影片就準備睡覺去了，我很清楚記得那天晚上睡覺時，做了個很清晰夢，在夢裡我來到一棟大樓前，像是個老公寓，可我知道那個房子有問題，所以害怕地試著想離開那個地方。

這時房子的一樓裡走出一位老人家，我看到他樣子很慈祥，穿著粉紅色的襯衫、米白色的褲子、剪短的白頭髮，在夢裡我依稀記得他跟我說了很多話，詳細內容我都想不起來了，但卻明顯地感覺到自己已沒最初那麼害怕，反而多了一種很安心的感覺，到後面我只記得老人跟我說：「那後面就麻煩你了。」

之後我便醒來了，回想到夢裡他的模樣跟最後說的話，下意識翻身去拿床頭上的手機，便看到了一則訊息，那是同行朋友發的一個案件，簡單說明了房子的情況是凶宅，我看到後隨即回覆訊息，跟他約好當天中午去看個房子，我看看有沒有機會找個客戶接手。

本來是約十一點，不過後來有點事情延誤改成十二點到，到了現場後，這同行他不太敢進去，所以他還帶了一位在玄學方面有研究的同事一起來，雖然事情剛發生沒多久，但他還是得硬著頭皮帶我進去，至於陪同他來的同事就在外面的車上等他了。

一開始我並不知道房子的樓層坪數，到現場後他跟我說房子是公寓的一樓跟二樓，進去之後我看到在室內有一些往生者生前的物品，看得出來他是有做類似像是電路板維修跟機械維修，室內處處可見很多的遙控飛機模型跟相關的專業維修工具，在裡面看到有一個樓梯連結到二樓，樓梯上還貼了張符。

我朋友說這產權是分開的，因為一、二樓都是屋主的，他就自己室內打通二樓做一個樓梯方便進出，就不用走外面的梯間。

這房子的一樓還有一個地下室，裡面空間非常的大，走進一看竟有撞球桌跟飛鏢的靶，看得出來這位死者很享受生活。

我問說：「請教一下那個發生的位置在哪？」

雖說我大概心裡有底，不過還是要再確認一下。

我朋友說：「呃……在樓梯那邊，就是剛剛貼符的位置……」

因為還有一間二樓，我朋友說這個房子如果要買必須一、二樓一起買下來，按照事故發生位置是在一樓，二樓不算凶宅，但是屋主的意思是買方如果要就必須一起買，價格上屋主也是便宜賣。雖說產權分開，內部樓梯拆掉，天花板封起來後，一樓跟二樓就是獨立空間產權，事發在一樓跟二樓的樓梯，不過嚴格來說二樓不算凶宅，但屋主想要一起處理所以二樓也跟著便宜賣。

我看了二樓的屋況，老公寓的情況大概都差不多，主要就是留意有沒有漏水壁癌之類的問題，看了一下還有一些醫院開的藥，其他就是老人家生活過的一種像是人家說的老人味。不過二樓就真的是標準住家，沒有什麼工作相關的東西在裡頭。看得出來屋主是將生活跟工作清楚分開的，確認室內狀況時發現原屋主有黑膠唱片機跟一些古董呀，茶壺的收藏品，還有一些中式樂器，感覺興趣十分廣泛。

我問我朋友說：「我能了解一下死者的背景跟年齡嗎？」

他說：「房子的屋主是我的同學，死者是我同學的舅舅，一個近七十的老人家，平常就一個人住，我同學好像是過節沒看到他舅舅，問了鄰居也沒看到，過來找才發現舅舅已經……輕生了。」

我想了一下說：「那你同學他舅舅沒有老婆或是小孩嗎？」

「沒有。」朋友回。

「嗯……所以一個人住。」我問。

這房子進去說真的我並沒有任何不舒服的感覺，一點也不像以往遇到凶宅會有的那種強烈的壓迫感跟反胃。

這房子說來巧合，我是有很多客戶跟朋友可以介紹，可是當下只有一個人的名字在我腦海中出現，我跟我朋友說：「等等，下午給你回覆。」

我把房子拍了照片，也錄影方式將一樓情況跟地下室以及二樓的現況都錄下來打算發給我想好的客戶。

離開後我在想，像這樣子的退休老人家，生活上除了一個人外，整體退休生活應該是很愜意才對。

我在附近找了家咖啡廳坐下，打電話給我一個認識很久的朋友，她叫玲姐。她算是不介意買凶宅的一個客人，傳了照片跟影片，也跟她講了情況，順便把屋主的價格和要求跟她說明後，本以為她會再殺殺價，結果想不到她說：「好，不殺價，我買了，安排時間簽約吧。」

「行，我這就安排。」我說。

我撥了我仲介朋友的電話跟他說：「張先生，這房子我們買了，當然這次我是以買主身份跟你談，所以不分你的業績，當我是買方就好。我朋友也說買了，不殺你屋主價格，約個時間出來簽約吧。」

他聽完後還沒反應過來說：「啊……？這麼快呀，那你們什麼時候有空我跟屋主約簽約時間。」

因為看屋在禮拜六，在兩邊確認日子跟時間後，約在下禮拜二的晚上簽約。

到了禮拜二當天我跟玲姐兩人來到了我仲介朋友店裡，那天屋主帶著老婆過來，雙方對於一些細節確認沒問題後便進入簽約環節了，這過程中我心裡一直有一個困擾我的問題，就是之前的夢境，覺得冥冥中與這案件是有關聯，所以我還是想知道，這屋主姓陳，我問他說：「陳先生，不好意思，冒昧請教一下，就是您舅舅的年紀多大？」

屋主想了一下說：「六十九歲快七十了。」

我開始與夢境的內容做連結，心裡一直在想該不會真是巧合吧……

接著我說：「是這樣子，我想問一下您舅舅是不是留著短髮，白頭髮，鼻子大大的，穿著粉紅色襯衫，米白色的褲子，然後身高大概在我肩膀左右這地方。」

我開始對著屋主比劃著夢境中長者的模樣，從外表到我夢裡印象中他的衣服顏色，我盡其所能地想要描述得詳盡。

屋主陳先生聽完後很驚訝一直看著我，接著說：「怎麼你有……看到他嗎？」

我說：「沒有啊，我看不到的，就是……」

我把自己看屋的過程跟夢境告訴了屋主，包括我看到現場的房子外觀都幾乎一樣。屋主聽完看了我仲介朋友，也就是他的同學，他馬上說：「我沒跟他說這事情呀！我什麼也沒說，因為這部分我都不知道的呀。」

屋主看著我說：「那你看到的肯定是我舅舅，雖然樣貌形容比較籠統，但是我舅舅入斂時穿的衣服，是我親手選的所以我印象很深刻，那個時候我在想是要給我舅舅穿淺藍色的還是粉紅色的衣服，褲子就是米白色的沒錯。」

屋主他的太太拿了他舅舅照片給我看，我看完後說：「就是這個樣子！」

照片中舅舅鼻子的確是大的，樣子都很像，就是沒那麼多白頭髮。

我跟屋主說：「照片就跟我看到您舅舅一模一樣，只是我記得他的頭髮是白的，而且我看到的舅舅樣子並沒戴眼鏡。」

屋主說：「這照片好像快十年前了，眼鏡的話，入殮時我放在我舅舅的旁邊，沒有幫他戴上，所以沒看到正常，不過這十年間他老了很多，頭髮也白了不少。」

對陳先生來說我是買主，不是仲介身分，所以他覺得，這似乎就是一場機緣跟緣分，我還跟屋主陳先生說能不能跟他要那個黑膠唱片跟唱片機，如果他沒有要的話，屋主也說沒問題，因為他沒有要那些東西，所以我可以帶走。

而我朋友玲姐聽完了我遇到的情況後，也是覺得不可思議，除了說是機緣還真是再無其他解釋了。

我說：「我看到的舅舅身體很健康，就是走路都比我快，也是笑笑的慈祥老人樣。」

玲姐說：「當然啦，無病無痛的，哪像你膝蓋這樣子。」

至於玲姊為啥這樣說，是因為痛風造成我膝蓋不太好，雖說瘦下來後比較少發作，不過病根倒是留下了。

這次買賣過程十分很順利，按著流程一個月後交屋，交屋當天跟屋主聊了一下，想試著去了解舅舅怎麼會想輕生，就冒昧去跟屋主詢問了。

屋主也沒有很介意，他跟我說：「我爸爸生前其實很疼他這個弟弟，也就是我舅舅，我爸也常說之後要多關心他這弟弟，雖然我舅他以前有結婚但是離婚很久了，沒小孩，一直就自己一個人生活著。因為我們家族在節日時大家都會聚在一起，那時候好像是端午節，我還有打給他，問候著說有空時要去看他，要他記得回來跟阿公阿嬤那邊吃飯。因為我每個禮拜都一定會去看一下他，後來端午節沒見到他，打電話給他也沒接，那時候我不在台中，於是還打給樓上鄰居跟那大姐說：『拍謝，我舅沒接電話，可以幫我看一下他嗎？因為他一個人住。』那個大姐去敲門也沒回應，我就有點擔心，因此開車來找，一樓敲門沒人應，打電話也沒接，我就從旁邊公共梯間上到二樓開門進去，二樓沒看到我舅舅，我便從裡面樓梯往下走的時候……就看見我舅舅吊在那裡了……當下我還大喊：『阿舅啊，你怎麼這麼傻啊……』」

我跟陳先生說：「舅舅身體還好嗎？我看到他有吃藥。」

屋主說：「還好，老人家難免有一點毛病，但不是很嚴重的那種。不過他的興趣就是你看到那些遙控飛機模型，還有一些古老的機器音響之類的，而且他對電路板這些很厲害，還靠這個維修工作生活的。」

我跟陳先生說：「在我夢中他看起來身體很健康，像我膝蓋不好走路都慢得要命。」

「那這樣子最好了，至少無病無痛的。」陳先生安慰道。

陳先生後面也有說到，他舅舅沒有經濟壓力，與親友鄰居相處得也都很不錯，他覺得舅舅可能是一個人生活寂寞，加上自己好像也沒有什麼值得牽掛的，也許不想這麼孤寂一個人吧，所以選擇了這個方式離開。

而他們也接受尊重舅舅的選擇，希望在另一個世界舅舅可以過得開心。

而玲姐，在這房子沒多久後，我自己覺得真的巧合，因為她機緣下，跟我買了另一間凶宅……

有人想買便宜的房子嗎？便宜的凶宅喔！

倒房

當一個家族的血脈都死了，是不是就叫倒房？

我回想這兩年賣的一個案件，也是事故屋，不過本來一開始想說就是一個出了事情的房子屋主想要賣，當時也順利賣出，直到第二次屋主再打電話找我時也是要賣房子，那時才知道原來還有很多令人覺得不可思議的詭異故事在裡面。

這次是當時的屋主姊姊要賣房子，才發現到有一些匪夷所思的事情在裡面，這個故事有兩個小段，因為如果不是去深入了解的話，可能我就是單純的賣房，直到了解她們一家情況才發現她們遇到的狀況真是到了有點匪夷所思就是……也稱不上詭異就是挺奇怪的。

*****

先說第一段吧。

我平常會在網路上看看是否有事故屋要賣，有時候會有些仲介在網路發文，我有次看到一個屋主她在網路上放說自己的房子要賣，房屋地點位於淡水，是個套房，我當時看到她要出售的價格不貴，便跟她連絡了，但是她說她仲介的朋友有客戶想要跟她談，本以為應該就沒什麼機會了，但是隔兩天後我看到她又要賣便私訊問她：「您不是賣了嗎？沒賣掉嗎？」

這個屋主是個女孩子，她叫靖瑜。我在詢問情況時她說：「因為我的仲介賣得太便宜了，雖說是凶宅，但是不想賣那個價格。」

在我了解那個社區的正常行情大約是兩百八十到三百二十萬之間，屬於比較大坪數的套房，而當時屋主跟我說別的仲介說要賣一百六十，而且還要付服務費……那根本不划算阿，所以就再來找看看有沒有其他人了。

我聽完後問她：「那……您想賣多少錢呢？我幫您想想辦法，如何？」

靖瑜想了一下說：「那個我凶宅你知道吧？我希望能夠實拿到一百八十五萬，不含仲介的費用，當然就是相關的規費該我出的我出這樣子。」

我聽完後說：「那行，給我幾天時間，期間那個賣屋訊息幫我關閉吧！如果我沒找到合適的妳再重新發文就行了吧，方便的話我能先跟妳碰面聊一下嗎？」

約好了碰面時間，地點的話就在社區碰面，剛好順便看一下屋況。

靖瑜說她有在電視上看過我，邊說邊往樓上走，她說這個房子是她媽媽留給她的，後面用信託方式由外公來代管，等到外公百年後才完全過到靖瑜名下。

到了房子後，因為是個套房其實不用太多的時間，大概拍個照片，看一下屋況有沒有無漏水或是壁癌的情況，這是間很大的套房可以做到一房一廳。

我問了靖瑜說：「抱歉，我能大概了解一下是什麼情況嗎？就是往生的方式。」

靖瑜說：「嗯……死者是我的舅舅，當時他是上吊在房子裡面，就吊在這個我們進來的門後面，就我了解好像是繩子綁在外鐵門的把手上，然後繞過內門上面，接著就在門後上吊了。」

我轉頭看了一下門，那是一扇鮮豔紅色的硫化銅門，邊看問她說：「那當時是怎麼發現的？」

靖瑜回憶到當時情況說：「當時是我們試圖聯絡舅舅，但一直沒有成功，後來去到房子找他，卻發現門打不開，透過外鐵門的格柵有看到繩子綁著門把，於是從外面拿剪刀剪斷繩子後開了門，但在開內門時好像被什麼頂住了，最後大夥一起使勁用力推開加上繩子斷了，透過門縫看到舅舅倒在旁邊……才知道舅舅想不開輕生了。」

我注視著那扇門，腦海中浮現著一個場景：一個人靠著門，繩子從外面綁著外門，再繞過內門上方。當他關上門，讓身體靠著內門輕生時，外面的門因為繩子而無法打開，必須剪斷繩子。內門上的繩子斷了後，屍體頂著門，難以推開。這樣的情況讓我感受到，這位舅舅似乎並不希望被人發現或找到，彷彿想要把尋找他的人拒之門外。

在了解完情況後，我跟靖瑜說：「這樣吧，給我幾天時間我找個買主跟你接手，就用你理想的價格給妳。」

我問了靖瑜說：「為什麼舅舅會想不開，有什麼原因嗎？」

靖瑜說：「這個房子雖說是登記給我的，但舅舅好像在外面工作不太順利，日子過得艱辛，就想說讓他住在這裡，直到他後來自殺了，我們替他整理遺物的時候，發現到他也沒什麼東西，身上只有幾百塊錢而已，也沒有存款，我想可能是人生的不如意跟打擊讓他覺得走到盡頭吧……自從舅舅走了以後，中途外公外婆也會來這裡看看，或是住在這裡，也沒聽說發生什麼事情。我舅舅他沒結過婚、沒有女朋友，也沒有小孩，因為工作裁員，又什麼都不順就想不開了，可其實我舅舅他是很善良的，只是、只是沒能扛過人生的不如意罷了……」

「所以這房子自從舅舅走後，外公外婆還是會來看看，住幾天這樣子就是了。」我問。

靖瑜：「是啊，是因為最近我跟我老公要買新房子的預售屋，想說賣了當頭期款，但我們自知這是凶宅，售價上一定是不能賣到市場價。」

我想了一下，有個感觸，就跟靖瑜說：「我在想，你外公外婆來這住幾天，他們或許是希望發生點什麼不可思議的事情吧。」

「為什麼？」靖瑜充滿不解與疑惑的問。

「因為……我自己猜想啦，我猜，或許他們也想再見到你舅舅一面吧……畢竟那是他們的兒子，你的舅舅，想知道他在那邊過得好不好，想知道有沒有想念他們，哪怕一面也好，一種奢望的期待……」說完後我跟靖瑜大概談了一些細節就先回台中了。

回去後我花了點時間找了幾組客戶，本來是我一個好兄弟老邱想買，他本身住台北，因為他沒房，想買間屬於自己的房子，重點是他不忌諱凶宅，不過後面因為他的銀行聯徵沒有特別理想，最後只能放棄讓下一個客戶遞補上，也很順利用屋主想要的價格賣掉，至少不是賤賣，達到了屋主要的價格，也沒壓屋主的價格。

後續流程一直到交屋後都很順利，新的屋主是一位老師，叫周老師。她會把房子稍微整理裝潢一下，希望找一個仲介幫她代管，叫我幫她問一下，這時候我想到的我好兄弟，老邱。

那老邱是屬於比較現實層面的仲介，意思就是他不怕凶宅，只怕沒錢賺，標準的怕窮不怕鬼，我也把房子的情況告訴他，他說沒差，因為我在台中，再跑一趟太遠了。

我跟他說：「老邱，那個鑰匙放在管理室櫃台，自己去看吧，直接跟物業拿，記得……低調點。」

當時我沒有跟老邱說位置在哪，因為我想沒有特別必要，反正都是凶宅嘛。可有趣的事情就是在老邱看完房子後拍完照跟我說的話。

他說：「欸……那個套房弄得還OK，因為不大，看一下拍幾張照片就可以了，不過就是肩膀不知道為啥感覺有點重……」

我聽完後問他：「你是在哪邊覺得肩膀重，我都沒事呀！」

「房間還好，就是站在門口那邊看房間裡面時有這感覺。」老邱說完我第一個反應就是……當然了，他就是在門口輕生你當然不舒服。

「那個……老邱，幫個忙！下次離大門遠一點，因為當時死者就是吊在門那邊……」我說。

老邱一開始還在想這大門要怎麼吊，直到我跟他解釋大概的方式跟過程後，他才明白過來，他除了問候我全家外，代管工作照接，也沒其他的問題了。

因為當時只是先請老邱拍照，後續還要做一些法事，所以大約又過了一禮拜，法事做完才開始找租客，當然現在租客住得也是順順利利的，沒什麼問題也就沒什麼問題了。

你問我租客知道房子是凶宅嗎？

嗯……我有跟老邱這個代管「仲介」講，至於他有沒有跟租客講那就是另外一回事了。

*****

接下來我來講第二段，這次講的案件是跟靖瑜的姊姊有關。

距離我幫靖瑜的套房出售後，距離差不多一年多的時間了。

就在二〇二四年過年前沒幾天，我收到了靖瑜用臉書發訊息跟我說她姊姊有一間房子要賣，看能否方便約個時間到淡水家裡碰面談一下，我回了沒問題後就約了時間去淡水拜訪她們。

「不好意思，還麻煩你走一趟了……」靖瑜說。

「客氣了，剛好過年前沒什麼事情做，仲介大部分這時間都這樣子，哈哈哈！」我笑笑地說著。

「你開車來嗎？」靖瑜問我。

「是的，剛好你們家前面路口有個停車場，就停那了。」不得不說冬天的淡水是真的冷，而且不管何時都在塞車。

靖瑜的姊姊叫靖奇，我都叫她 CHLOE。

CHLOE 跟我說她的房子也是位於淡水，靠近淡水新市鎮那邊，跟妹妹那個套房的社區離得不遠，只是 CHLOE 這間是三房兩廳兩衛浴的，一樓挑高四米五左右的樓中樓，使用空間很大。

CHLOE 跟我說：「不好意思，麻煩你走一趟，嗯……我要先跟你說一下就是我的那房子想賣，但是有點問題，之前有發生過事情，因為我妹妹說你專門在幫人處理，想說見面的時候直接跟你說會比較清楚。」

CHLOE 把社區名字跟我說一下，我看了一下社區的行情，正常情況下的行情這樣子的三房兩衛，差不多坪數成交大約在六百五十至七百萬左右，我問 CHLOE 說：「這是你們社區大概的行情，我想你應該也有自己去查過，那你想要賣的價格是多少？」

CHLOE 想了一下說：「以前有人出過四百五十萬左右，我希望是四百五十萬能夠實拿，當然稅費像是土地增值稅這些我自己出。」

CHLOE 接著說：「因為房子目前有出租，那租客是我妹妹的朋友，巧合的是那個我妹妹朋友的父親跟我們父親都有認識。」

我說：「那租客知道房子的情況嗎？」

「知道。」CHLOE 點點頭。

CHLOE 說她剛好最近離職了，待業中，加上經濟比較緊張，有很多的貸款跟信貸要繳，是急著用錢所以希望價格能達到她要的金額。

我聽完也是說盡力幫忙，看能否達到她要的。

「不好意思，冒昧一下！我能大概了解一下房子的事故原因嗎？」我問道。

「嗯，可以的。」CHLOE 想了一下接著說：「那個裡面往生的是我們自己家人，是我們媽媽，她在房子裡面上吊了……」

CHLOE 說大概在她國中的時候吧，媽媽就輕生了，回想起來也十幾年了。

我跟 CHLOE 說給我幾天時間，我問看看有沒有客戶想要。與此同時我順便請 CHLOE 可以的話去幫我拍一下房子目前現況跟裡面的照片，看能否用錄影方式記錄一下。畢竟有租客在，就是要看屋也要跟租客約，我想就請靖瑜跟 CHLOE 她倆姊妹去看看。

閒聊的時候，CHLOE 跟我說她是單親媽媽，結婚很早，但是那時候不懂事，所以現在很後悔。

不得不說 CHLOE 是長得很精緻的女生，以我自己是男生的角度去看她，她散發一種讓人想保護的慾望，而且是會讓男生很強烈的想要去保護她，散發著楚楚可憐的樣子。若用另一種簡單的形容方式她可謂是每個男生心中的「白月光」，而且這種白月光帶給男生的殺傷力是非常強大的。

CHLOE 告訴我她有兩個女兒，第一個是她在十九歲大學時跟男友不小心發生關係懷孕的，因為當時男方也來提親，自己父親覺得孩子無辜就也同意生下來了。

第二個是跟第二任前夫生的，她說也不算前夫就是沒結婚，前夫還大她十幾歲吧！

我也問過她說為何大學時求學階段怎麼有勇氣留下孩子？CHLOE 說她有想

過很多，但當時或許也是腦熱吧，加上父親同意也覺得孩子無辜，並且男方是滿有誠意地來提親的情況下就生下來了。

「現在想想當年應該再考慮周全一點。」CHLOE 說道。

我說：「第二個沒結婚妳卻敢幫他生孩子呀？您挺有種的……」

CHLOE 跟我說：「男生他因為負債很多，怕結婚拖累我，所以就沒結婚。」

我聽完後，反應過來就是……這女的是標準的超級戀愛腦阿！

「CHLOE……妳根本是戀愛腦吧？這樣吧，我換個說法，一個男的負債破產，然後說不能結婚怕拖累妳！然後這男的也明知道自己是什麼情況還敢讓妳懷孕生小孩?! CHLOE 妳是傻了吧！」我整個太震驚跟激動，於是一股腦將心中的話都說出來。

但凡是個女的，現在出去說「男生負債破產，想跟妳在一起，不能娶妳，卻讓妳生小孩？但沒錢過日子……」這誰他喵的聽了哪個女的會接受啊？除非是真的很愛或是願意陪吃苦的啦，不然很難啊。

CHLOE聽了也只笑笑，因為她知道後悔來不及了，CHLOE還說她的第二任丈夫有家暴傾向，脾氣很暴躁，甚至會以死威脅，像是跟CHLOE她說「要是出門離開我就跳樓給妳看。」類似這樣子的情緒勒索，CHLOE一開始會怕，到後面就看男的在表演了，後來男的開始威脅到她人身安危之類的，最後是CHLOE的爸爸還有弟弟出面來帶她回家，才避免了這樣子的情況。

我總覺得若按照CHLOE的樣子跟感覺，假使她如果沒那麼早結婚生子，現在的她應該可以有不凡的成就。

回台中後，我問了一些客戶，因為快要過年了，基本上也沒什麼人看房，都說要等過年後了，那因為CHLOE有跟我說比較急，當天晚上我就想怎麼辦，後來也不知道為什麼我突然有個想法……「那不如我買下來吧！」

於是，我把我的想法跟CHLOE還有靖瑜說，本來CHLOE的意思是說等年後也沒關係這之前就先跟其他家人借，後來我說不要緊因為年後妳等要很久，過完年加上年後的銀行跟地政單位的作業時間會拉長。

在跟她解釋後沒問題，我就找了代書約好時間，到淡水家裡把那間房子買了下來，她希望的價格我老實說，我還硬生生多加給她五萬，跟她說「因為土地增值稅要六萬多，就當我補貼給妳吧。」

也就是我用四百五十五萬買下了這間房子，我也不知道為什麼我會這麼做，可能這個「白月光」的殺傷力對我也有點影響吧……

簽完約後就等著讓流程開始跑吧，反正交屋也要年後了。那因為臨近過年，CHLOE 說需要一筆錢過年，看能否從履保銀行動撥一部分費用先給她做使用，大約十萬，對我來說沒差，也就同意履保出款給她做過年的一些生活費用跟貸款的繳款，這部分就請代書後面再去處理了，趁代書整理資料的時間我跟 CHLOE 再聊了一下。

CHLOE 說：「我跟靖瑜我們還有一間房子之後可能也要賣，也是在淡水。」

我說：「那行阿，之後有需要我一樣可以幫忙。」

CHLOE 說：「不過那個房子也是凶宅……」

什麼情況？這間也是凶宅！

我問說：「怎麼回事，妳們家發生什麼事嗎？」

CHLOE說：「那間也是三房的，跟我這間一樣是樓中樓的，之前是外公外婆住在裡面。事故原因是我阿姨……她在裡面上吊，現在是空屋了，因為外公外婆都走了，裡面就剩下一個牌位在那邊，我們現在等對年，要把牌位遷進去後就打算賣了。」

我似乎想到一些事情問她說：「CHLOE……我問一下這舅舅、媽媽、阿姨這都是妳媽媽這邊的親戚，而且他們都選擇用上吊的方式輕生離開……」

「那你外公外婆呢？」我問道。

CHLOE說：「他們是正常離開，應該說外公是疫情時確診走了，外婆是生病走的，所以房子現在就是空在那兒，房子也是我媽媽的名字，我跟我妹妹繼承下來，後來因為爸爸有債務問題，媽媽就放棄繼承，讓我跟妹妹兩個人繼承，之後等阿姨對年就賣了吧！到時候再麻煩你了。」

我了解到她們那邊的往生先後順序是媽媽生前寫好了遺書後，用她自己選擇的方式離開了，接著是大舅舅，最後是阿姨。聽 CHLOE 說阿姨本身身體也不好，好像肚子有開個洞，就是大便都要從那邊出來的樣子，十分辛苦。

「CHLOE……那你媽媽那邊還有誰？」我問。

「還有一個小舅舅。」CHLOE 說。

「最後一個了？」我問。

「嗯……」CHLOE 說。

「CHLOE……有沒有可能你家祖墳有問題啊？就是媽媽那邊的。因為你們都沒事，出事都是媽媽那邊的血緣，你要不要改天找個師傅去看看吧！」我說道。

CHLOE 說：「這個問題其實我外公在世時候有去問過，聽說好像是祖先在下面吵得很兇，可是我外公不打算處理。」

我跟 CHLOE 說：「因為這個情況有幾種，在我經驗中要嘛祖先沒得吃，要嘛家中祖墳有問題，最後還有一種可能是哪一代有過繼到別人名下做小孩，有雙姓問題。」

CHLOE 似乎想起什麼說：「我外公，我外公他好像是雙姓的。」

聽她這樣一講似乎就清楚了，不過人家外公在世時都沒打算處理了，這……我們外人也不好介入了。

CHLOE 說：「自從外公走後，阿姨因為身體不好，加上還要照顧外婆，外婆當時是連基本的生活自理能力都沒有，這導致阿姨最後心理壓力太大，連同自己身體問題吃不消，就在房子裡想不開上吊了……」

我問 CHLOE 說：「那阿姨那個事情發生到現在多久了？」

「今年的四月滿一年了，剛好可以對年把牌位請回祖先的牌位裡面了。」CHLOE 說道。

CHLOE 又跟我說：「因為我阿嬤年紀大了，當時我爸爸跟舅舅的想法是租一個房子讓阿嬤搬過去住，剛好就近照顧。可是老人家好像不習慣，結果跑出去了，又一直很堅持要回到老家去住，沒辦法只能讓阿嬤回去，但是有時候又會打電話來哭說她一個人很害怕之類的，有時候又說她看到阿公跟阿姨回到家裡來，阿嬤說阿姨帶著很多鬼回來，還看到阿姨被人綁著，很多人在打她，她很害怕……我那時想可能阿嬤身體不好，氣場比較弱，那阿姨的事又剛發生沒多久，所以最後不得已的情況下，小舅舅決定送阿嬤到療養院去……」

在我經驗中，老人家如果看到一些不尋常的東西，可能就有點危險了，因為我爺爺也好、奶奶也好在病危前都有類似的狀況。

我爺爺重病時就說過：「那個誰誰在窗外跟我招手，叫我跟他出去玩。」重點是，我爺爺那時候是在醫院病床上，而我記得我奶奶則好像是說她媽媽來接她了……

CHLOE說：「阿嬤進了療養院沒多久，身體越來越差了，有時候去看她，她又會意識清楚地說『我一定會死在這裡的，我一定會死在這地方。』不斷重複這些話，之後沒多久療養院打來說阿嬤病重，送到醫院沒多久後就走了，死因好像是器官衰竭。」

因為當時 CHLOE 跟靖瑜其實正在白事中，又適逢過年前比較忙碌，而她們正在處理的就是阿嬤的喪事。

在這個時代，大家都拼命賺錢，家中老人有時候可能也無暇顧及吧，加上 CHLOE 跟靖瑜的媽媽，大舅舅跟阿姨都相繼去世了，外公走了，阿嬤也在過年前生病走了，就剩下小舅舅一個人了。

一直到年後交屋過程都還算順利，CHLOE 也找了一份工作，依她的外型跟氣質，從事業務公關人際相關工作內容相信她會做得很好。

我在跟 CHLOE 通話時我問她說：「那小舅舅還好嗎？現在。」

「都很好，目前都很好。」CHLOE 說。

因為我有聽 CHLOE 說過她媽媽那邊的家人好像有一點憂鬱症，多少都會影響。

至於我買這房子，因為現有租客在，加上租客也不介意，住了五年都還挺順利的，也沒什麼問題，所以我就承接租客繼續租給他們一家。

CHLOE 告訴我說：「其實我會需要錢是因為我第二任前夫，也不算前夫，因為沒結婚，他不讓我看女兒，我要透過司法拿回我的權利。」

聽完後我也祝福她順利，還特別提醒她別再戀愛腦了。

也希望她前夫這種垃圾男不要出來禍害她人，也不看看自己啥條件真的是……

我跟 CHLOE 說我有兩個給自己的要求，她好奇問是什麼？

「一身清貧不入繁華，兩袖清風不誤佳人。」

好啦，故事就到這了，希望 CHLOE 跟靖瑜以及他們家人的生活都會越來越好。

我也跟她們說我遇到很多的有趣事情，例如長輩死後，現任子孫繼承房子後要賣掉，售出後裡面東西都不要，說叫我們清掉，但是有遺照照片這類的物品，我們有特別提醒屋主帶走，但他卻說：「就直接丟了！」可我們仲介哪敢啊！最後也是對著遺照說：「是你子孫叫我丟的，有事找他別找我啊……」

還是一樣……問一下，

有人想買便宜的房子嗎？便宜的凶宅唷！

又見面了！我是凶宅房仲

國家圖書館出版品預行編目資料

又見面了!我是凶宅房仲：租屋悲歌、紅衣吊死、陰魂託售,那些年賣房子總有刺激事 / 文奕夫(水鏡)著. -- 初版. -- 臺北市：臺灣東販股份有限公司, 2024.07
208面；14.7×21公分
ISBN 978-626-379-421-4(平裝)

1.CST: 不動產業 2.CST: 仲介 3.CST: 通俗作品

554.89 113006410

又見面了！我是凶宅房仲

租屋悲歌、紅衣吊死、陰魂託售，那些年賣房子總有刺激事

2024年7月1日初版第一刷發行

作　　者　文奕夫（水鏡）
編　　輯　王靖婷
封面設計　Miles
內頁設計　林泠
發 行 人　若森稔雄
發 行 所　台灣東販股份有限公司
<地址>台北市南京東路4段130號2F-1
<電話>（02）2577-8878
<傳真>（02）2577-8896
<網址> http：//www.tohan.com.tw
郵撥帳號　1405049-4
法律顧問　蕭雄淋律師
總 經 銷　聯合發行股份有限公司
<電話>（02）2917-8022

TOHAN